천수경과 대비주

천수경과 대비주

범천 덕산 지음

운주사

머리말

우리가 사는 세상을 사바세계라고 하는데, 이는 번뇌의 세상이라는 뜻이다.

사람이 일생을 살면서 겪는 정신적인 번뇌와 육체적인 온갖 고통에서 벗어나고자 하는 마음은 누구에게나 공통된 것으로, 이것은 태어나서 번뇌와 고통의 지각을 갖출 때부터 갈망하게 된다.

우리나라는 불교가 전해지면서부터 금생과 내생을 두루 보장받을 수 있는 관음신앙이 대중들의 마음속 깊이 파고들었고, 대비신주를 지송하면 열다섯 가지의 좋은 과보를 받는 선생보善生報와 열다섯 가지의 나쁘게 죽는 일이 없다는 불악사不惡死의 과보가 있다는 『천수경』이 불자들 사이에서 가장 선호하는 경전으로 자리잡게 되었다.

대부분의 사람들은 남들보다 더 갖고자 하는 물질적인 욕망의 성취를 위해, 지금 이 순간도 쉬지 않고 거센 욕망의 불길을 태우고 있다. 더불어 자신을 비롯하여 가족의 건강, 그러니까 무병장수를 꿈꾼다.

그렇지만 이 두 가지를 모두 가진 사람이 과연 얼마나 될까? 돈만을 밝히는 구두쇠라 할지라도 당장 석 달 아니 삼 년밖에 못 산다면 억만금을 다 주고라고 더 오래 살고자 할 것이다.

길을 갈 때 짐이 무거우면 걷기 힘들고, 돈이나 보석을 지녔으면 도둑이나 강도가 두렵고, 남의 돈을 빌려 써서 가진 것 없는 이는 배고프고 목마르다.

우리는 멀고 먼 어느 생에서부터 제각기 스스로가 만든 악하거나 선하거나 무겁거나 가벼운 업장이라는 짐을 지고 현재를 살아가고 있다. 그리고 살아가면서 그 업장을 덜거나 보태고서 다음 세상으로 간다.

이 업장의 짐들을 아주 없애는 길이 없는 것이 아니다. 다만 우리들이 깨우치지 못하고 있는 것이다.

그래서 석가 세존께서는 그 깨침의 방법을 각자의 근기에 맞추어 일일이 말씀하시기를 45년이나 하셨다. 그렇게 45년 동안 우리 중생을 가르치기 위해 하신 말씀이 곧 팔만사천 법문이다.

부처님의 팔만사천 법문 중에는 뜻을 헤아리지 않고 범음梵音으로 지송만 하더라도 바라는 바를 성취할 수 있는 많은 종류의 진언眞言(다라니陀羅尼 · 주呪 · 밀주密呪 · 밀언密言)이 있다.

그런데 이 진언의 원문인 범자梵字는 한자漢字로 옮김에 있어서 본래의 발음을 유지하기 어려운 글자들이 많았으며, 더구나 한문으로 번역한 진언은 중국식의 발음체계로 이루어져 한국의 발음과는 맞지 않음에도 불구하고 우리나라의 독음讀音으로 직역直譯을 함으로써 일부 진언의 발음이 크게 달라지게 되었다.

"다라니는 비밀한 말이며 진실의 말이다.

말은 소리이고 소리는 파장이며 파장은 에너지이고 이 에너지는 곧 물질이다.

TV, 라디오, 휴대폰 등 일상 생활용품에서부터 미사일, 레이더, 우주탐사까지도 우리가 눈으로 볼 수 없고 귀로 들을 수 없는 전파로 작동되는 것이며, 이 전파도 각각의 매체에 꼭 들어맞는 파장이라야만 원하는 것이 이루어진다.

파장이 다르면 TV, 라디오는 엉뚱한 화면과 딴소리가 나올 것이고, 휴대폰은 걸리지 않거나 엉뚱한 사람이 받을 것이며, 미사일이나 우주선도 발사가 안 되거나 전혀 다른 곳으로 날아갈 것이 틀림없다. 아니면 화면은 고사하고 소리도 들리지 않거나 잡음만 나올 것이다.

모든 것이 주파수가 맞아야 목적한 바가 이루어지듯이, 주파수가 맞는 제대로 된 진언이 제대로의 효과를 발휘한다.

단어와 문장, 발음이 정확할수록 듣는 사람이 그 말을 정확하게 들을 수 있다."

그 뜻을 모르고 외우기만 하여도 소원을 이룰 수 있으니 얼마나 참되고 귀한 말씀인가?

또한 높은 근기의 수행자는 진언의 뜻을 관함에도 아무런 장애가 없겠지만 근기가 낮은 수행자나 재가인의 경우에는 마장魔障의 해로움이 끼칠까 염려되므로 진언의 뜻을 헤아리지 말라는 말씀을 하신 것이다.

이 책은 우리나라 불자들에게 가장 많이 사랑받는 경전인 『천수경』과 그 핵심인 신묘장구대다라니에 대해 여러 판본들을 비교하여 기존의 잘못 알려진 부분들을 바로 잡았다. 아무쪼록 올바른 지송을 통해 고통받고 있는 이들 모두가 진언의 공덕을 온전히 성취하였으면 한다.

바쁘신 시간에도 불구하고 이 책을 쓰는 데 도움을 주신 위덕대학교 이태승 교수님과 성허 스님께 감사의 말씀을 드린다.

일러두기

우리나라의 경전은 한자로 되어 있으며 한자음으로 읽는다.

하지만 현재는 많은 다라니들이 로마자로 음사되어서 퍼져 있으며, 더구나 역자마다 한글 표기도 달라 한 진언이 여러 가지로 읽혀지고 있는 실정이다.

경전도 역수입되고 다라니도 우리나라의 실정에는 맞지 않는 상태로 들여오고 있는 것이다.

대비주뿐만 아니라 모든 범어 원문으로 되어 있는 다라니를 우리나라의 발음체계와 부합하게 번역하기 위하여 최대한 노력하였지만 몇 가지 발음은 문법에 따를 수 없어 소리 나는 그대로 번역하였다.

R발음과 L발음은 ㄴ발음으로 일원화하였고 Sh, Dh, Bh, Ch, Th, Gh, Jh 등등은 각각 ㅅ, ㄷ, ㅂ, ㅊ, ㅌ, ㄱ, ㅈ발음으로 하였으며, 특히 자음 S는 '사'와 '샤'와 같이 모음 'ㅏ', 'ㅑ' 두 발음만 구분하였다.

그 외에는 셰, 솨, 쇄, 쇠, 숴, 쉬, 쉐 등으로도 표현할 수 없는, 곧 정상적인 한글 조합방법으로는 음사할 수 없는 발음이 많다.

또한 장음과 단음, 고음과 저음은 적용하지 아니하였다.

그리고 끝 발음이 ㅎ으로 끝날 경우, 단어의 도중에는 ㅎ을 표기하고 단어의 끝에 있을 때는 발음상 ㄱ으로 음사하였다.

본문 중의 대비주는 필자가 망월사 범본을 범자 그대로 번역한 상태이므로 발음에서 현행대비주와 약간 다른 점이 있다. 예를 들면 카, 키, 코와 같은 ㅋ발음 트, 테, 디, 헤, 스, 즈, 즈바, 르바, 트바, 르가, 트르, 크르, 므르, 스크르 등등의 발음을 한자로서는 만들 수가 없다. 또한 모지, 못쟈, 모다야, 미마라 같은 발음도 모두가 보디, 붇댜, 보다야, 비마라 등의 ㅂ발음임에도 불구하고 'ㅁ'과 'ㅂ'의 발음은 전혀 구분을 하지 않고 필요에 따라 임의적으로 쓴 것으로 보이며, 현재 흔히 송주하는 '바아라'나 '아바라'의 경우 본래의 범음은 '바즈라'와 '즈바라'라고 쓰고 읽어야 한다.

'바아라'는 스님들이 아주 많이 송주하는 단어로써 아침 저녁으로 예불을 드릴 때 맨 처음에 하는 헌향진언에 나온다.

즉 목탁을 탁! 치고는 "옴 바아라 도비야 훔" 하는데, 사람에 따라 '바으라', '바와라', '바아라' 등으로 송주하는 '바아라'가 '바즈라'인 것이다.

한편 많은 불자들이 염송하는 '광명진언'은 "옴 아모가 바이로차나 마하 무드라 마니 파드마 즈바라 프라 바릍타야 훔"이라고 제대로 송주한다.

그런데 현행대비주에서는 이상하게 되어 있다.

'광명진언'에서의 '파드마'가 '바나마'로 '즈바라'는 '아바라'로 '프라'는 '바라'라는 발음으로 읽혀지고 있다.

광명진언의 '파드마'가 대비주에서는 '바나마'로 송주되고 있는 것이다.

필자가 일본의 대장경인 『대정신수대장경大正新脩大藏經』의 밀교부密教部 경전經典에 수록된 범본다라니梵本陀羅尼 전체를 한역본漢譯本과 비교 대조하면서 우리나라 말로 번역해 본 결과 이처럼 다라니가 범음梵音과는 상관없이 다르게 발음되고 있는 부분이 많이 있었다.

본문의 '망월사본 대비주와 현행대비주의 대조'에서 나오는 발음은 망월사 대비주 범자를 그대로 번역한 것이나, 책의 범자 중에는 잘못 쓰여진 범자도 있으며 작자가 임의로 만들어 쓴 범자도 있다.

신묘장구대다라니(정본)

나모 라트나 트라야야 나마 아랴 바로키테 스바라야 보디 사트바야 마하 사트바야 마하 카루니카야 옴 사르바 라바예 수다나다샤 나모 스크르타 이맘 아랴 바루키테 시바람다바 나모 나라키디 혜리 마하 바다샤메 사르바아타 두슈붐 아제얌 사르바 부타나 마바가 마바두두 타댜타 옴 아바로카 로카테 카라테 에혜르 마하 보디사트바 사르바 사르바 마라 마라 마혜 마혜르다얌 쿠루쿠루 카르맘 두루두루 바자야테 마하 바자야테 다라 다라 디리니 스바라야 차라 차라 마마 바마라 묵테레 에혜에혜 시나시나 아르샴 프라사리 바사바샴 프라샤야 후루후루 마라 후루후루 혜리 사라사라 시리시리 수루수루 보디야 보디야 보다야 보다야 마이트리야 나라킨디 다르시니나 파야마나 스바하 싣다야 스바하 마하 싣다야 스바하 싣다요게 스바라야 스바하 나라킨디 스바하 마라나라 스바하 시라싱하 무카야 스바하 스바마하 아싣다야 스바하 차크라 아싣다야 스바하 파드마 카스타야 스바하 나라킨디 바가라야 스바하 마바리샹카라야 스바하 나모 라트나 트라야야 나마 아랴 바로키테 스바라야 스바하 옴 시댬투 만트라 파다야 스바하

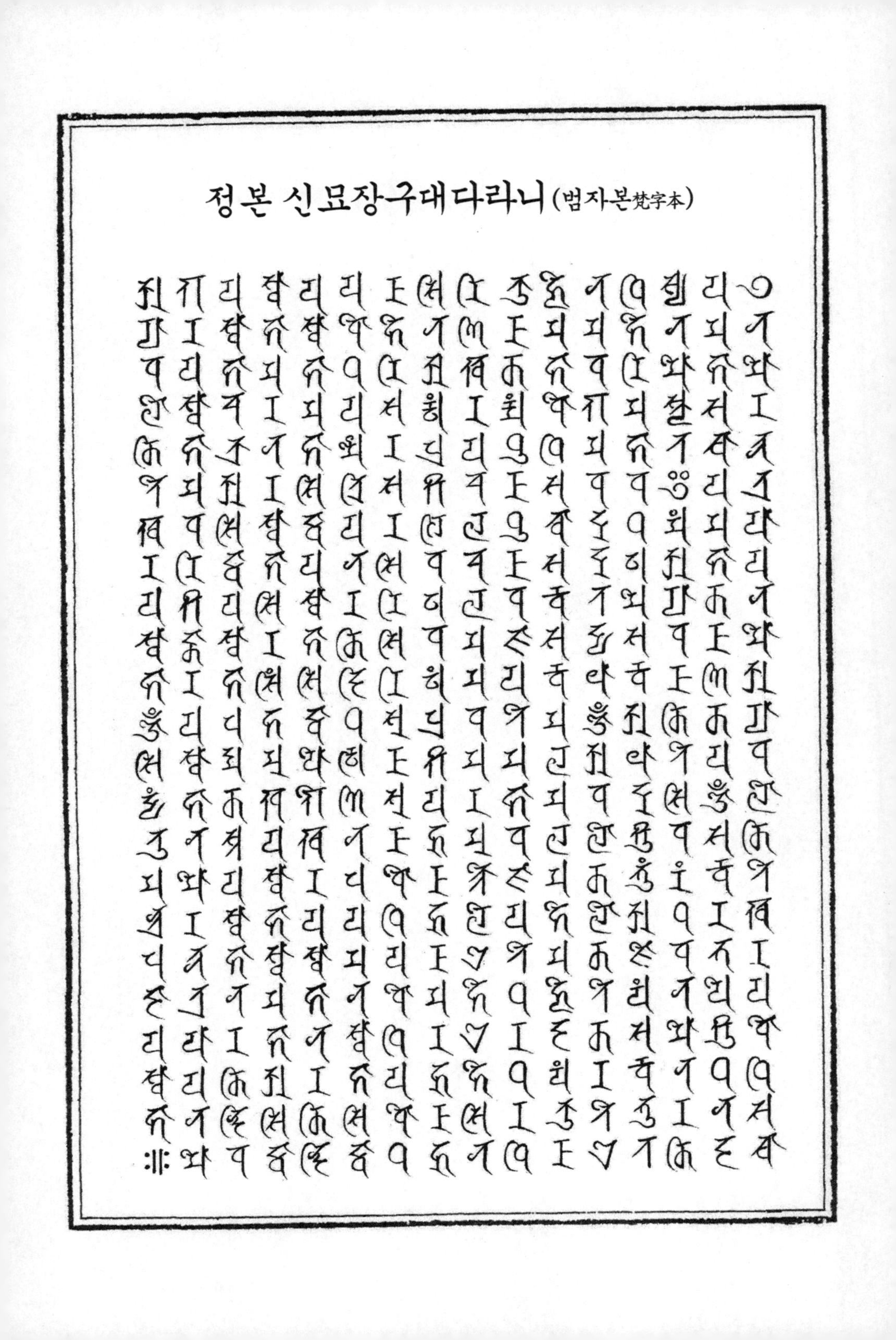

정본 신묘장구대다라니 (범자본梵字本)

차 례

3부 천수경과 대비주

1부

진언과 대비주

고려대장경 대비주의 원본과 현행대비주

천수경은 우리나라뿐만 아니라 중국과 일본에서도 가범달마 삼장법사가 한역한 (불설)천수천안관세음보살광대원만무애대비심다라니경을 근본 경전으로 하고 있다.

그러므로 대비주 역시도 가범달마 역본을 근본으로 해야 하는 것이 당연한 이치인데 겉과 속이 다르게 되어 있다.

어떤 경로로 현재와 같은 문장이 성립되었는지 알 수 없지만 결론적으로 경전에 의거한 대비주는 결코 아니라는 것이다.

그 차이를 한눈에 알 수 있도록 고려대장경의 대비주 원문과 한글 번역문, 그리고 현재 우리나라에서 독송되고 있는 대비주와 현행대비주의 저본인 망월사 대비주의 한자본과 범자의 한글 번역본을 각 구절로 구분하여 함께 실었다.

위로부터 첫째 줄은 고려대장경의 대비주를 번역한 한글이며,

둘째 줄은 고려대장경 원문, 셋째 줄은 현행대비주의 저본인 진언집에 기록된 망월사 대비주의 한자본, 넷째 줄은 역시 현행대비주의 저본인 진언집에 기록된 범문의 한글 번역문, 다섯째 줄은 현재 우리나라에서 독송되고 있는 대비주이다.

천수천안관세음보살광대원만무애대비심다라니

千手千眼觀世音菩薩廣大圓滿無碍大悲心陁羅尼

나모 라트나 트라야야 나마 아 랴
南無曷囉怛那 哆囉夜耶(一) 南無 阿唎耶(二)
曩謨 囉怛曩 怛囉夜野 曩莫 啊哩也
나모 라트나 트라야야 나막 아르약
나모 라다나 다라야야 나막 알 약

바로키테 스바라야 보디 사트바야
婆盧羯帝 爍鉢囉耶(三) 菩提 薩路婆耶(四)
嚩路枳諦 濕嚩囉野 冒地 薩怛嚩也
바로기제 스바라야 보디 사트바야
바로기제 새바라야 모지 사다바야

마하 사트바야 마하 카루니카야
摩訶 薩路婆耶(五) 摩訶 迦盧尼迦耶(六)

摩賀 薩怛嚩野　　摩賀 迦嚕抳迦野
마하 사트바야　　마하 가루니카야
마하 사다바야　　마하 가로니가야

옴　사르바라바예　수다나 다 샤
唵(七) 薩　皤 囉罰曳(八) 數怛那 怛口寫(九)
唵　薩嘌嚩　婆曳　數怛囉拏 迦囉野 怛寫銘
옴　사르바　바예　수트라나 카라야 다사명
옴　살바　바예　수다라나 가라야 다사명

나모 스크르타　이 맘 아 랴
南無 悉 吉 埵　伊 蒙 阿唎耶(十)
曩莫 塞訖哩怛嚩 伊牟含啊哩也
나막 스크르트바 이 맘 아르야
나막　가리다바 이 맘 알 야

바루키테 시 바람 다바
婆盧吉帝 室佛囉㘄馱婆(十一)
嚩路枳諦 濕嚩囉怛嚩 寧頡攞建姹
바로키테 스바라트바 니라칸타
바로기제 새바라다바 니라간타

나모 나라키디 헤리 마하 바다샤메
南無 那囉謹墀(十二) 醯唎 摩訶 皤哆沙咩(十三)
曩麽 紇哩娜野 麽嚩嘌路 以瑟也弭
나막 흐르다야 마바르타 이 샤 미
나막 하리나야 마 발 다 이 사 미

사르바아타 두슈븜 아제얌
薩婆阿他 豆輸朋(十四) 阿逝孕(十五)
薩嘌嚩囉佗 薩馱南 輸伴 阿薺琰
사르바르다 사다남 수밤 아제얌
살 발 타 사다남 수반 아예염

사르바 부타나 마바가 마바두두
薩 婆 菩哆那 摩婆伽(十六) 摩罰特豆(十七)
薩嘌嚩 步路喃 婆嚩沫嘌誐 尾戍馱劍
사르바 부타남 바바마르가 미수다캄
살 바 보다남 바바 말 아 미수다감

타 댜 타 옴 아바로캬
怛 姪 他(十八) 唵 阿婆盧醯(十九)
怛儞也佗 唵 阿路計 阿路迦
타 댜 타 옴 아로케 아로카
타 냐 타 옴 아로계 아로가

로카테 카라테 에헤르

盧迦帝(二十) 迦囉帝(二十一) 夷醯唎(二十二)

麽底路迦 底羯訖囒諦 醯醯賀嚟

마티로카 티크란테 헤헤하레

마지로가 지가란제 혜혜하례

마하 보디사트바 사르바 사르바

摩訶 菩提薩 埵(二十三) 薩 婆 薩 婆(二十四)

摩賀 冒地薩怛嚩 娑麽囉 娑麽囉

마하 모디사트바 스마라 스마라

마하 모지사다바 사마라 사마라

마라 마라 마헤마헤르다야

摩囉 摩囉(二十五) 摩醯摩醯唎馱孕(二十六)

紇哩娜野

흐르나야

하리나야

쿠루쿠루 카르맘

俱盧俱盧 羯 懞(二十七)

矩嚕矩嚕 羯喋麽 娑達野 娑馱野

코루코루 카르마 사다야 사다야

구로구로 갈 마 사다야 사다야

두루두루 바자야테 마하 바자야테
度盧度盧 罰闍耶帝(二十八) 摩訶 罰闍耶帝(二十九)
度魯度魯 尾 演 諦 摩賀 尾 演 諦
두루두루 비 얀 테 마하 비 얀 테
도로도로 미 연 제 마하 미 연 제

다라다라 디리니 스바라야
陁囉陁囉(三十) 地唎尼(三十一) 室佛囉耶(三十二)
馱囉馱羅 達嚩捺嚟 濕嚩囉
다라다라 다린느레 스바라
다라다라 다린나례 새바라

차라차라 마마 바마라
遮囉遮囉(三十三) 摩摩 罰摩囉(三十四)
左攞左攞 摩攞 尾摩攞 阿摩攞
차라차라 마라 미마라 아마라
자라자라 마라 미마라 아마라

묵데레 에헤에헤
目帝囇(三十五) 伊醯移醯(三十六)
母嘌諦 曀醯曳呬 路計
무르테 에헤르헤 로케
몰 제 예 혜 혜 로계

시나시나 아르샴 프라사리

室那室那(三十七) 阿囉嚵 佛囉舍利(三十八)

濕嚩囉 囉誐尾灑尾 曩捨野禰吠 灑尾灑尾 曩捨野

스바라 라아미샤미 나샤야드베 샤미샤미 나샤야

새바라 라아미사미 나사야나베 사미사미 나사야

바사바샴 프라샤야

佛沙罰嚵(三十九) 佛羅舍那(四十)

謀賀左羅 尾灑尾 曩捨野

모하차라 미샤미 나샤야

모하자라 미사미 나사야

후루후루 마라 후루후루 헤리

呼嚧呼嚧 摩囉(四十一) 呼嚧呼嚧 醯唎(四十二)

虎嚕虎嚕 麽攞 虎嚕 賀黎 鉢娜麽 曩婆

호루호루 마라 호루 하레 파드마 나바

호로호로 마라 호로 하례 바나마 나바

사라사라 시리시리 수루수루

娑囉娑囉(四十三) 悉唎悉唎(四十四) 蘇嚧蘇嚧(四十五)

娑囉娑囉 悉哩悉哩 素嚕素嚕

사라사라 시리시리 수루수루

사라사라 시리시리 소로소로

보디야 보디야 보다야 보다야

菩提夜 菩提夜(四十六) 菩馱夜 菩馱夜(四十七)

沒地野 沒地野 冒馱野 冒馱野

묻 댜 묻 댜 모다야 모다야

못 쟈 못 쟈 모다야 모다야

마이트리야 나라킨디

弥 帝 唎夜(四十八) 那囉謹墀(四十九)

昧 怛 哩野 䫂攞建姹

마이트리야 니라칸타

매 다 리야 니라간타

다르시니나 파야마나

他唎瑟尼那(五十) 波夜摩那(五十一)

迦麽寫 捺哩捨喃 鉢囉賀囉娜野 摩諾

카마샤 르 샤 남 프라흐르다야 마낙

갈마사 날 사 남 바라하라나야 마낙

스바하 싣다야 스바하

娑婆訶(五十二) 悉陁夜(五十三) 娑婆訶(五十四)

娑嚩賀 悉馱野 娑嚩賀

스바하 싣다야 스바하

사바하 싣다야 사바하

마하 싣다야 스바하

摩訶 悉陁夜 娑婆訶(五十五)

麽賀 悉馱野 娑嚩賀

마하 싣다야 스바하

마하 싣다야 사바하

싣다요게	스바라야	스바하
悉陁喻藝(五十六)	室皤囉耶(五十七)	娑婆訶(五十八)
悉馱喻藝	濕嚩囉野	娑嚩賀
싣다유예	스바라야	스바하
싣다유예	새바라야	사바하

나라 킨디	스바하
那囉 謹墀(五十九)	娑婆訶(六十)
𩕳攞建姹野	娑嚩賀
니라칸타야	스바하
니라간타야	사바하

마라나라 스바하

摩囉那囉 娑婆訶(六十一)

嚩囉賀

바라하

바라하

시라싱하 무카야 스바하
悉囉僧訶 穆佉耶(六十二) 娑婆訶(六十三)
目佉僧賀 目佉野 娑嚩賀
무카싱하 무카야 스바하
목카싱하 목카야 사바하

스바마하 아싣다야 스바하
娑派摩訶 阿悉陁夜(六十四) 娑婆訶(六十五)
鉢娜麽賀 娑誃野 娑嚩賀
파 드 마 하스타야 스바하
바 나 마 하 따 야 사바하

차 크 라 아싣다야 스바하
者 吉 囉 阿悉陁夜(六十六) 娑婆訶(六十七)
作 羯 囉 欲馱野 娑嚩賀
차 크 라 육타야 스바하
자 가 라 욕다야 사바하

파드마 카스타야 스바하
波陀摩羯悉哆夜(六十八) 娑婆訶(六十九)
商佉 攝 娜 寗冒達曩野 娑嚩賀
샹카 샤프타녜보다나야 스바하
상카 섭 나 녜모다나야 사바하

나라킨디 바가라야 스바하

那囉謹墀 皤伽囉夜(七十) 娑婆訶(七十一)

摩賀攞 矩吒 馱囉野 娑嚩賀

마하라 코타 다라야 스바하

마하라 구타 다라야 사바하

마바리 샹카라야 스바하

摩婆唎 勝羯囉夜(七十二) 娑婆訶(七十三)

嚩麽娑建姹 儞捨悉體跢 訖哩瑟拏 儞曩野 娑嚩賀

바마스칸타 디샤스티타 크르스타 지나야 스바하

바마사간타 니사시체다 가 릿 나 이나야 사바하

……(고려대장경과 신수대장경에는 내용 없음)

尾野伽囉 拶嘌麽 你嚩 娑曩野 娑嚩賀

먀 그 라 차르마 디바 사나야 스바하

먀 가 라 잘 마 이바 사나야 사바하

나모 라트나 트라야야

南無曷囉怛那 哆囉夜耶(七十四)

曩謨 囉怛曩 怛囉夜野

나모 라트나 트라야야

나모 라다나 다라야야

나마 아 랴 바로키테

南無 阿唎耶(七十五) 婆嚧吉帝(七十六)

曩莫 啊哩也 嚩路枳諦

나막 아르야 바로키테

나막 알 약 바로기제

스바라야 스바하

爍皤囉耶(七十七) 娑婆訶(七十八)

濕嚩囉野 娑嚩賀

스바라야 스바하

새바라야 사바하

진언이란 무엇인가?

우리가 기도용 천수경을 독송할 때 핵심인 대비주 때문에 전송과 후송을 하게 된다.

대비주는 무구정광다라니나 광명진언 수능엄다라니와 같은 최상승의 주문이라고 할 수 있다.

현재 우리나라의 불교에서는 여타의 불, 보살님보다 관세음보살님께 의지하는 자비사상이 주류를 이루고 있으며, 또한 대다수 사찰의 기도에서 천수경 송주가 빠지지 않는다. 하지만 이는 자칫, 수행을 하거나 남을 위하는 자비심을 실천하는 것보다 관세음보살님께 '자비를 베푸시어 소원을 성취시켜 주십사' 하고 비는 기복신앙으로 흐르게 하는 한 원인이 되고 있다.

또한 기도의 영험에 대해 이야기할 때도 "다라니를 몇 번 송주했다"라든가 "백일 동안 또는 천일 동안 대비주를 염송했다"는 등 횟수나 날짜 위주의 가시적 모습을 드러내는 경우가 많다.

무릇 범사가 그렇듯이 소원성취 기도란 첫째 행하는 자와, 둘째 기도대상인 삼보님과, 셋째 기도 방법, 이 셋이 삼위일체가 되고, 자신과의 약속을 철저하게 지킬 때 원하는 바를 이룰 수가 있다.

여기서 기도 방법은 여러 가지가 있는데, 그 가운데 진언 염송 기도에 있어서 진언의 정확성을 기해야 함은 두말할 필요가 없다.

앞의 두 가지는 원래 본 모습을 갖추고 있지만, 진언이 원래의 음원을 갖추지 못했다면, 그 효과는 그만큼 반감될 것이다.

진언眞言, 다라니陀羅尼, 주문呪文은 그 소리파장으로써 역할을 하며 그 소리의 구성은 범어로 되어 있다.

그런 까닭에 진언은 문자는 바꾸더라도 그 음을 바꾸는 일은 없어야 한다.

필자가 강조하지 않더라도 다라니를 다른 언어로 바꾸지 않아야 된다는 것은 모든 이가 다 알고 있는 주지의 사실이다.

진언과 다라니는 다음과 같이 설명된다.

1. 진언眞言[mantra]

부처나 보살 등의 깨달음이나 서원, 또는 가르침이나 지혜를 나타내는 신비로운 주문을 말한다. 주呪 · 신주神呪 · 밀주密呪 · 밀언密言 등으로도 번역한다. 밀교에서의 3밀, 즉 신밀身密 · 어밀語密 · 의밀意密 가운데 어밀에 해당한다. 보통 그 뜻을 번역하지 않고 원어를 음사音寫하여 읽는다. 진언을 많이 외우면 재액이 물러가고 공덕이 쌓인다고 한다. 비교적 짧은 주문을 진언, 긴 주문을 다라니라고 하는데, 엄격하게 구분하지는 않는다.

2. 다라니陀羅尼[dharani]

부처나 보살 등의 깨달음이나 서원, 또는 가르침이나 지혜를 나타내는 신비로운 주문으로 비교적 긴 것을 말한다. 덧붙여 불법을 마음속에 간직하여 잊지 않게 하는 능력을 말한다. 총지總持·능지能持·능차能遮라 번역한다. 총지란 하나를 기억함으로써 다른 것까지 연상하며 다 기억한다는 뜻이고, 능지란 여러 선법善法을 능히 지니고 있다는 뜻이며, 능차란 악법을 능히 막아 준다는 뜻이다. 이처럼 이 주문에는 불가사의한 힘이 있어서 이것을 외우면 한량없는 가르침을 들어도 잊지 아니하고 모든 장애를 벗어나는 공덕을 얻는다고 한다. 역시 그 뜻을 번역하지 않고 원어를 음사하여 읽는다.

이 같은 의미를 지닌 비밀주를 경전에 근거하지도 않은 채 자신 임의로 해석을 하여 많은 사람들이 오해를 하게끔 하는 결과를 빚는 경우가 많다.

그렇다면 어떻게 해야 되는가?

현행대비주가 이렇게 된 데에는 대략 세 가지 원인을 들 수 있다.

첫째, 대비주의 원문인 범본을 확보하지 못했다.

둘째, 첫째의 이유로 한문본을 따라야 했으므로 번역하는 과정에서 원음에 충실하지 못했다.

셋째, 시대적·지역적으로 충분한 자료를 갖추지 못했다.

이와 같은 여건 속에서 당시의 시대적 주류 사상인 관세음보살

신앙을 한국 불교문화에 정착시키려는 노력의 일환으로 법요송주용 천수경을 편찬하였겠지만 미완의 대비주로 되었다는 것이 필자의 생각이다.

따라서 신뢰를 할 수 있는 대비주가 되기 위해서는

첫째, 경전에 명백한 근거가 있어야 한다.

둘째, 다라니(眞言)가 원어인 범음梵音에 부합하여야 한다.

셋째, 다라니(眞言)의 해의解義를 하고자 할 때는 경전에 기록된 뜻과 부합하도록 풀이해야 한다.

부처님께서 불도를 이루는 방법, 그리고 공덕과 복덕을 짓고 이른바 원성취를 원만히 이룰 수 있는 방법을 고구정녕히 가르쳐 주셨으나 시간적인 차이와 언어적인 차이로 우리들은 경전에 의하여야만 모든 문제를 해결할 수가 있다.

그렇지만 설사 범문의 경전에 의한다 하더라도 각 민족의 언어체계상 경우에 따라서는 100퍼센트 정확한 범음으로 송주하지 못할 수도 있다.

대비주가 담긴 천수경의 종류

『천수경』은 대장경 속에 단일경전으로 존재하는 것이 아니라 천수천안관세음보살(관자재보살)을 주인공으로 하여 독송의궤와 다라니를 실은 경전을 총칭하여 일컫는 말이다.

『천수경』의 종류는 총 18종이지만 현재 우리들이 독송하는 신묘장구대다라니의 연구에 꼭 필요한 것은 모든 경전의 신묘장구대다라니가 아니라 경전의 내용 또는 다라니의 명칭에 천수천안관자재보살광대원만무애대비심신묘장구대다라니千手千眼觀自在菩薩廣大圓滿無碍大悲心神妙章句大陀羅尼라고 되어 있는 경전과 현재 통용하고 있는 대비주와 연관이 있는 대비주, 특히 82구句 또는 84구句로 기록되어 있는 다라니이다.

그러한 천수경전으로 일본대장경인 신수장경新脩藏經과 중국의 중화대장경, 그리고 우리나라의 고려대장경에 다음과 같이 여러 가지가 있다.

그리고 현장玄奘 삼장법사가 옮겼다는 대비주가 있는데, 중국과 대만의 불자들 중에서 독송을 하고 있는 듯하여 우리말로 번역을 해 보았다.

千手千眼觀世音菩薩廣大圓滿無碍大悲心陀羅尼經 伽梵達摩譯
: 658년경 가범달마 삼장법사가 한역漢譯한 『천수천안관세음보살광대원만무애대비심다라니경』

千手千眼觀自在菩薩廣大圓滿無碍大悲心陀羅尼呪本 金剛智譯
: 730~741년경 금강지 삼장법사가 번역한 『천수천안관자재보살광대원만무애대비심다라니주본』

千手千眼觀世音菩薩大悲心陀羅尼 不空譯
: 730~744년경 불공 삼장법사가 번역한 『천수천안관세음보살대비심다라니』

觀自在菩薩廣大圓滿無碍大悲心大陀羅尼 指空譯
: 1330년경 지공 선사가 번역한 『관자재보살광대원만무애대비심대다라니』

大慈大悲救苦觀世音自在王菩薩廣大圓滿無礙自在青頸大悲心陀羅尼 大廣智不空譯
: 730~744년경 불공 삼장법사가 번역한 『대자대비구고관세음자재왕보살광대원만무애자재청경대비심다라니』

신묘장구대다라니는 천수다라니 혹은 대비주大悲呪라는 이름으로 주로 부르며 각종 불사, 일반법회, 불공이나 기도법회를 할 때에도 빠짐없이 독송하는 최상승의 신묘한 주문이자 우리나라에서 가장 많이 독송하는 아주 중요한 다라니(眞言)이다.

다음은 대비주의 한역본漢譯本을 신수대장경의 순서대로 옮겨 본 것이다.

대비주의 한역본

가범달마伽梵達摩 역본譯本 (82구句)

신수대장경新脩大藏經 밀교부 제20권 107페이지

千手千眼觀世音菩薩廣大圓滿無礙大悲心陀羅尼經

唐西天竺沙門伽梵達摩譯

南無喝囉怛那哆囉夜㖿(一)南無阿唎㖿(二)婆盧羯帝爍鉢囉㖿(三)菩提薩跢婆㖿(四)摩訶薩跢婆㖿(五)摩訶迦盧尼迦㖿(六)唵(上聲七)薩皤囉罰曳(八)數怛那怛寫(九)南無悉吉利埵伊蒙阿唎㖿(十)婆盧吉帝室佛囉㘄馱婆(十一)南無那囉謹墀(十二)醯唎摩訶皤哆沙咩(羊鳴音十三)薩婆阿他豆輸朋(十四)阿逝孕(十五)薩婆薩哆那摩婆伽(十六)摩罰特豆(十七)怛姪

他(十八)唵阿婆盧醯(十九)盧迦帝(二十)迦羅帝(二十一)夷醯唎(二十二)摩訶菩提薩埵(二十三)薩婆薩婆(二十四)摩羅摩羅(二十五)摩醯摩醯唎馱孕(二十六)俱盧俱盧羯懞(二十七)度盧度盧罰闍耶帝(二十八)摩訶罰闍耶帝(二十九)陀羅陀羅(三十)地利尼(三十一)室佛囉耶(三十二)遮羅遮羅(三十三)摩摩罰摩囉(三十四)穆帝囇(三十五)伊醯移醯(三十六)室那室那(三十七)阿囉嚒佛囉舍利(三十八)罰沙罰嚒(三十九)佛羅舍耶(四十)呼嚧呼嚧摩囉(四十一)呼嚧呼嚧醯利(四十二)娑囉娑囉(四十三)悉利悉利(四十四)蘇嚧蘇嚧(四十五)菩提夜菩提夜(四十六)菩馱夜菩馱夜(四十七)彌帝利夜(四十八)那囉謹墀(四十九)地唎瑟尼那(五十)波夜摩那(五十一)娑婆訶(五十二)悉陀夜(五十三)娑婆訶(五十四)摩訶悉陀夜(五十五)娑婆訶(五十六)悉陀喻藝(五十七)室皤囉耶(五十八)娑婆訶(五十九)那囉謹墀(六十)娑婆訶(六十一)摩囉那囉(六十二)娑婆訶(六十三)悉囉僧阿穆佉耶(六十四)娑婆訶(六十五)娑婆摩訶阿悉陀夜(六十六)娑婆訶(六十七)者吉囉阿悉陀夜(六十八)娑婆訶(六十九)波陀摩羯悉哆夜(七十)娑婆訶(七十一)那囉謹墀皤伽囉㖿(七十二)娑婆訶(七十三)摩婆利勝羯囉夜(七十四)娑婆訶(七十五)南無喝囉怛那哆囉夜耶(七十六)南無阿唎㖿(七十七)婆嚧吉帝(七十八)爍皤囉夜(七十九)娑婆訶(八十)唵悉殿都曼哆囉鉢默耶(八十一)娑婆訶(八十二)

금강지金剛智 역본譯本 (113구)

신수대장경新脩大藏經 밀교부 제20권 112페이지

千手千眼觀自在菩薩廣大圓滿無礙大悲心陀羅尼呪本

大唐贈開府儀同三司謚大弘教三藏沙門金剛智奉詔譯

曩慕囉(引)怛曩(二合)怛囉(二合)夜耶(一)曩莫阿(引)哩夜(二合二)嚩嚕枳諦濕嚩(二合)囉(引)耶(三)冒(毛上音下同)地薩多嚩(二合下同)耶(四)莽(浮聲呼)賀薩多嚩(同上)耶(五)莽(浮聲呼)賀迦(去)嚕聹(卷舌呼)迦(引)耶(六)薩摩(上)滿陀(上)曩(七)泚娜曩迦囉(引)耶(八)薩摩(上)婆嚩(九)娑母(浮聲呼)捺嘮(二合)酢灑拏(卷舌呼)迦囉耶(十)薩摩(上)彌夜(二合)地(十一)跛囉(二合)捨莽(浮聲呼)曩迦囉(引)耶(十二)薩謎底多庾(二合)跛奈囉(二合)嚩(十三)尾那捨曩(浮聲呼)迦囉(引)耶(十四)薩摩(上)婆曳數(十五)怛囉(二合)拏迦囉(去引)耶(十六)彈思每(二合)曩莽思吉哩(三合)多嚩(二合)伊(去)那摩阿哩夜(二合十七)嚩嚕枳帝濕嚩(二合)囉皤使單儞羅建姹閉(十八)曩(引)莽纈哩(二合)娜耶(十九)摩物剌(二合)彈以使夜(二合)弭(二十)薩末(引)他些馱建(二十一)戍畔阿爾延(二十二引)薩摩部跢南(二十三)婆嚩末誐尾戍馱劍(二十四)怛儞也(二合)他(二十五)唵(二十六)阿(引)嚕計阿(引)嚕迦莽底(二十七)嚕迦(引)底訖嘲(二合)諦傒賀𠽱阿哩夜(二十八)

嚩啰枳諦濕嚩(二合)羅(二十九)莽(浮聲呼)賀冒地薩多嚩(二合三十)傒冒地薩多嚩(二合三十一)傒莽(浮聲呼)賀冒地薩多嚩(二合三十二)傒比哩(二合)也冒地薩多嚩(二合三十三)傒莽(浮聲呼)賀迦(引)嚕聹(卷舌呼)迦(三十四)徙莽(二合)囉纈哩(二合)娜延(三十五)呬呬賀𡀔阿哩耶(三十六)嚩啰枳諦濕嚩(二合)囉(三十七)莽(浮聲呼)傒濕嚩(二合)囉(三十八)跛囉莽(浮聲呼)多囉(二合)質多(三十九)莽(浮聲呼)賀迦嚕聹(卷舌呼)迦(四十)矩嚕矩嚕羯滿些大耶些大耶(四十一)尾儞延(二合四十二)聹傒禰傒多嚩𡁼(四十三)迦滿誐莽(四十四)尾捍誐莽尾誐莽悉陀(上)諭儗(引)濕嚩(二合)囉(四十五)杜嚕杜嚕尾演底(四十六)莽賀尾演底(四十七)馱囉馱羅達𡁠印涅𡁠(三合)濕嚩(二合)羅(四十八)左攞左攞尾莽(浮聲呼)邏莽羅(四十九)阿哩夜(二合五十)嚩啰枳帝濕嚩(二合)羅(去五十一)爾曩訖哩(二合)使拏(二合五十二)惹吒(引)莽(浮聲呼)矩吒(五十三)嚩覽摩跛羅(二合)覽摩尾覽摩(五十四)莽(浮聲呼)賀徙陀(上)尾儞夜(二合)馱囉(五十五)皤羅皤囉莽賀皤囉(五十六)麼攞麼攞莽賀麼攞(五十七)左囉左囉莽賀左囉(五十八)訖哩(二合)史拏(二合)物嘌(二合)拏儞嘌伽(五十九)訖哩(二合)史拏(二合)跛乞灑(二合)怋茄(去)跢曩(浮聲呼六十)傒跛娜莽(二合)賀徙多(二合六十一)左羅左羅聹舍左𡁠濕嚩(二合)囉(六十二)訖哩(二合)史拏(二合)薩囉跛訖哩(二合)韗也爾諭(二合)跛尾多(六十三)翳傒兮莽(浮聲呼)賀嚩囉賀母(浮聲呼)佉(六十四)怛哩(二合)補囉娜賀寧濕嚩(二合)囉(六十五)曩囉也拏嚩跛(六十六)

嚩羅末誐阿(上)唎傒聹羅建姹傒麼賀迦(去)羅(六十七)賀羅賀羅(六十八)尾沙(上)怩爾跢嚕迦寫(六十九)囉(去)誐尾沙(上)尾曩(引)捨曩(七十)那味(二合)沙(上)尾沙(上)尾曩捨曩(七十一)慕賀尾沙(上)尾曩(引)捨曩(七十二)戶嚕戶嚕莽羅戶嚕賀𡁠(七十三)莽賀跛那莽(二合)曩(引)婆(七十四)薩囉薩囉(七十五)徙哩徙哩(七十六)蘇嚕蘇嚕(七十七)母嚕母嚕(七十八)母地也(二合)母地也(二合七十九)冐大也(二合)冐大也(二合八十)弭帝(八十一)儞囉建姹翳醯兮摩莽思體(二合)多徙應(二合)賀母佉(八十二)賀娑賀娑(八十三)悶左悶左(八十四)莽賀吒(去)吒(上)賀珊(八十五)翳醯兮抱莽賀悉陀(上)諭詣濕嚩(二合)羅(八十六)娑拏娑拏嚩(引)濟(八十七)些大耶些大耶尾儞延(二合八十八)徙莽囉徙莽羅(八十九)瞻婆誐滿單嚕枳多尾嚕枳單(九十)嚕計濕嚩(二合)囒(去)怛他(上)誐單(九十一)娜娜(引)醯名娜哩捨(二合)曩(九十二)迦莽寫那哩(二合)捨難(九十三)跛囉(二合)紇邏(二合)娜耶莽曩莎賀(九十四)悉馱也莎賀(九十五)莽賀悉馱也莎賀(九十六)莽賀悉馱也莎賀(九十七)悉馱諭詣濕嚩(二合)邏耶莎賀(九十八)儞羅建姹耶莎賀(九十九)嚩囉(引)賀母佉(去)耶莎賀(一百)莽賀娜邏徙應(二合)賀母佉耶莎賀(一百一)悉馱尾儞夜(二合)達邏耶莎賀(一百二)跛娜莽(二合)賀薩跢(二合)耶莎賀(一百三)訖哩(二合)史拏(二合)薩波訖哩(二合)頦也爾諭(二合)跛尾跢耶莎賀(一百四)莽賀攞矩吒陀(上)邏(去)耶莎賀(一百五)斫羯囉(去)庾馱耶莎賀(一百六)勝佉(去)攝那儞冐馱曩(去)耶莎

賀(一百七)摩莽思建(二合)陀(上)味沙(上)思體(二合)多訖哩(二合)史拏(二合)爾曩(去)耶莎賀(一百九)弭夜(二合)佉囉(二合)折莽儞嚩娑曩(去)耶莎賀啗計濕嚩(二合)羅(去)耶莎賀(一百一十)薩摩(上)悉第濕嚩(二合)羅耶莎賀(一百一十一)曩慕婆誐嚩諦阿(引)哩夜(二合)嚩枳諦濕嚩(二合)囉(去)耶冒地薩怛嚩(二合)耶莽賀薩怛嚩(二合)耶莽賀迦(去)嚕聹迦耶(一百一十二)悉殿(二合)睹名滿多羅(二合)跛娜耶莎賀(一百一十三)

불공不空 역본譯本 (84구)

신수대장경新脩大藏經 밀교부 제20권 115페이지

千手千眼觀世音菩薩大悲心陀羅尼

大唐三藏不空譯

南無喝囉怛娜哆囉夜㖿(此是觀世音菩薩本身。大須慈悲用心讀誦。勿高聲神性急。一)南無阿唎㖿(此是如意輪菩薩本身。到此須存心。二)婆盧羯帝爍鉢囉㖿(此是持鉢觀世音菩薩本身。若欲取舍利骨。誦此存想菩薩持鉢。三)菩提薩埵婆㖿(此是不空羂索菩薩。押大兵。四)摩訶薩埵婆㖿(此是菩薩種子。自誦咒之本身也。五)摩訶迦盧尼迦㖿(此是馬鳴菩薩本身。手把鈸折羅即是。

六)唵(此唵是諸鬼神合掌聽誦咒也。七)薩皤囉罰曳(此四大天王之本身。降魔。八)數怛那怛寫(此是四大天王部落鬼神名字也。九)南無悉吉栗埵伊蒙阿唎唧(此是龍樹菩薩本身。大須用心誦此勿疏失菩薩性急。十)婆盧吉帝室佛羅嘐馱婆(此是圓滿報身盧舍那佛。十一)南無那囉謹墀(此是清淨法身毘盧遮那佛本身。大須用心。十二)醯唎摩訶皤哆沙咩(羊鳴。此是羊頭神王。共諸天魔爲眷屬。十三)薩婆阿他豆輸朋(此是甘露菩薩。亦是觀世音菩薩部落以爲眷屬也。十四)阿逝孕(此是飛騰夜叉天王巡歷四方察其是非也。十五)薩婆薩哆那摩婆伽(此是婆加帝神王。其形黑大。以豹皮爲裈。手把鐵刃。十六)摩罰特豆(此是軍吒利菩薩本身。把鐵輪并把索。而有三眼是也。十七)怛姪他(此是劍語。十八)唵阿婆盧醯(十九)盧迦帝(此是大梵天王本身也。神仙爲部落。二十)迦羅帝(此是帝神長大黑色也。二十一)夷醯唎(此是三十三天。是摩醯首羅天神領天兵青色。二十二)摩訶菩提薩埵(此是實心更無雜亂心。即名薩埵。二十三)薩婆薩婆(此是香積菩薩。押五方鬼兵以爲侍從不可思議。二十四)摩羅摩羅(此是菩薩相罰語即爲齊也。二十五)摩醯摩醯唎馱孕(同前。二十六)俱盧俱盧羯懞(此是空身菩薩。押天大將軍領二十萬億天兵也。二十七)度盧度盧罰闍耶帝(此是嚴峻菩薩。押孔雀王蠻兵也。二十八)摩訶罰闍耶帝(同前。二十九)陀羅陀羅(此是觀世音菩薩。大丈夫身即是也。三十)地唎尼(此是師子王。兵驗讀誦。三十一)室佛羅娜(此是霹靂菩薩。降伏諸魔眷屬。三十二)遮囉遮囉(此是摧碎菩薩本身。手把金輪。三十三)摩摩(某甲受持)罰摩囉(此是大降魔金剛本身。把金輪。三十四)穆帝隸(此是諸佛合掌聽誦真言。三十五)伊醯伊醯(此是魔醯首羅天王。三十六)室那室那(同前。三十七)阿囉嘇佛囉舍利(此是觀世音菩薩。把牌弩弓箭也。三十八)罰沙罰嘇(同前。三十九)佛囉舍耶(此是阿彌陀佛本身。觀世音菩薩師主。四十)呼盧呼盧摩羅(此是八部鬼神王。四十一)呼盧呼盧醯唎(同前。四十二)娑囉娑囉(此是五濁惡世也。四十三)悉唎悉唎(此是觀世音菩薩。利益一切眾生。不可思議。四十四)蘇嚧蘇嚧(此是諸佛樹葉落□。四十五)菩提夜菩提夜(此是觀世音菩薩。結緣眾生。四十六)菩馱夜菩馱。夜(此是阿難本身也。四十七)彌帝唎夜(此是大車菩薩。手把金刀。四十八)那囉謹墀(此是龍樹菩薩手把金刀之處。四十九)他唎瑟尼那(此是寶幢菩薩手持鐵叉是也。五十)波夜摩那(此是寶金光幢菩薩鉢折羅杵。五十一)娑婆訶(去聲。五十二)悉陀夜(此是達一切法門。五十三)娑婆訶(去聲。五十四)摩訶悉陀夜(此是放光菩薩手把赤幡。五十五)娑婆訶(去聲。五十六)悉陀喻藝(此諸天菩薩盡悉以集。手把金刀。五十七)室皤囉夜(是安息香也。五十八)娑婆訶(去聲。五十九)那羅謹墀(山海惠菩薩本身。手把金劍。六十)娑婆訶(去聲。六十一)摩羅那羅(此是寶即王菩薩手把金斧。六十二)娑婆訶(去聲。六十三)悉囉僧阿穆佉耶(此是藥王菩薩本身。行療諸病。六十四)娑婆訶(去聲。六十五)娑婆摩訶阿悉陀唧(此是藥上菩薩本身。行療諸病。六十六)娑婆訶(去聲。六十七)者吉囉阿悉陀夜(同聲。六十八)娑婆訶(去聲。六十九)波陀摩羯悉哆夜(同聲。七十)娑婆訶(去聲。七十一)那囉謹墀皤伽囉唧(七十二)娑婆訶(七十三)摩婆利勝羯囉夜(七十四)娑婆訶(七十五)南無喝囉怛那哆囉夜耶(七十六)南無阿唎耶(七十七)婆盧吉帝(七十八)爍皤囉夜(七十九)娑婆訶(八十)悉殿都(八十一)漫哆羅(八十二)跋馱耶(八十三)娑婆訶(八十四)

지공指空 역본譯本

신수대장경(新脩大藏經) 밀교부 제20권 497페이지

觀自在菩薩廣大圓滿無礙大悲心大陀羅尼

西天嗣祖禪師指空讎校

捉羅簡陀縛囉摩訖哩多野賀羅賀羅陀囉尼那謨囉怛那怛囉夜野(一)那謨阿哩夜縛路枳帝莎囉野(二)普致莎埵野(三)摩訶莎埵野(四)摩訶迦嘍尼迦野(五)薩嚩弗隱陀那亟多那加囉野(六)薩嚩縛縛沙舞怛囉叟沙那加囉野(七)薩嚩跛野叟禰嘎多賀那迦囉野(八)薩嚩嚩野致鉢囉僧縛那迦囉野(九)薩嚩伊地丐縛怛嚩波毘那沙那迦囉野薩嚩跛曳叟怛囉沙那野(一)多想那摩想乞里多野(二)曳等啊哩夜縛路枳帝莎羅(三)多縛尼羅簡陀那(四)摩訖哩多伊應摩啊臥囉怛伊寫尾(五)薩嚩竭摩阿囉他沙陀那叟跛沮多那迦囉野(七)阿惹伊應(八)薩嚩簿哆曩跛縛摩囉迦毘叟陀肯(九)多怛野他阿縛路計路迦(十)摩地路迦加地路迦(一)地加囉隱多醯麼訶隸(二)摩訶普致沙埵醯(三)鉢哩野普致沙埵醯摩訶迦嘍尼加(五)

沙摩囉訖哩多野(六)啊哩夜縛路枳帝莎囉鉢囉摩每怛哩唧多(八)摩賀迦嘍尼加(九)具嘍具嘍竭摩沙陀野(三十)毘張提奚提奚(一)縛羅迦摩似伽(二)毘項伽摩(三)梟陀野要計莎囉(四)逗嘍逗嘍毘惹野縛地(五)摩賀毘惹野縛地(六)陀囉陀囉墮囉尼莎囉左羅左羅毘摩羅摩羅舞囉地(八)阿哩野縛路枳帝莎囉(九)爾那乞哩瑟拏惹吒摩具吒嚩縛毘嚩縛鉢囉嚩縛(二)摩賀梟陀野毘多野墮囉(三)縛羅縛羅摩賀縛羅(四)摩羅摩羅摩賀摩羅(五)左羅左羅摩訶左羅(六)乞里瑟那臥羅羅拏乞哩瑟那縛沙昵伽多那醯(七)縛怛摩訶瑟吒(八)左囉左囉尼沙左嚇莎囉(九)那囉野拏縛囉嘍縛陀哩醯儞羅簡陀醯摩訶羅訶羅毘沙昵爾多(二)路迦寫囉加毘沙那(三)怛野曳莎毘沙那沙那(四)謨賀毘沙那沙那(五)吼嘍吼嘍摩賀縛怛摩那跛莎囉沙囉沙囉悉哩悉哩叟嘍叟嘍富陀野富陀野普陀野普陀野曳地醯儞羅簡陀曳奚醯摩賀梟陀野要計莎囉跛迦朋沙陀野毘張沙摩囉沙摩囉幢跛迦縛那路迦毘路迦帝莎囉多哆奚禰怛囉沙那加摩怛囉沙那野鉢囉沙陀野莎賀梟陀野莎賀摩賀梟陀野莎賀梟陀野要計莎囉野莎賀抳羅簡陀野莎賀嚩囉訶舞佉野莎賀摩賀那囉梟應伽舞伽野莎賀梟陀野毘多野墮羅野莎賀(四)縛怛摩訶瑟吒野莎賀乞哩瑟那薩縛乞哩度惹矯縛毘多野莎賀(六)摩賀迦囉摩具跢墮囉野莎賀(七)僧伽沙縛多抳囉那多那迦囉野莎賀(八)嚩摩沙簡陀帝瑟恥多乞哩瑟拏爾那野莎賀(九)嚩伽囉左麼抳背沙那野莎賀(十)路計莎囉野莎賀摩(一)賀路計莎囉野莎賀(二)薩嚩梟諦莎囉野莎賀那謨跛迦婆帝啊哩野縛路枳帝莎羅野(四)普致沙埵野摩賀沙埵野(五)摩賀迦嘍抳迦(六)野多怛野他梟陀野隱杜禰曼怛囉縛多抳莎賀

고려대장경 78구 (가범달마역伽梵達摩譯)

尼者得如是等十五種善生也一切
人天龍鬼常應誦持勿生懈怠時觀
世音菩薩說是語已於衆會前合掌
正住於諸衆生起大悲心開顔含笑
即說如是廣大圓滿無㝵大悲心大
陁羅尼神妙章句陀羅尼卽說呪曰
南無曷囉怛那哆囉夜耶一 南無
阿唎耶二 婆盧羯帝爍鉢囉耶三 菩
提薩跢婆耶四 摩訶薩跢婆 耶五 摩
訶迦盧尼迦耶六 唵七 薩皤囉罰曳八
數怛那怛嚀九 南無悉吉埵伊蒙阿唎
耶十 婆盧吉帝室佛囉愣馱婆十一 南
無那囉謹墀十二 醯唎摩皤哆沙咩十三
薩婆阿他豆輸朋十四 阿逝孕十五 薩婆菩
哆那摩婆伽十六 摩罰特豆十七 怛姪他十八
阿婆盧醯十九 盧迦帝二十 迦囉帝二十一 夷
醯唎二十二 摩訶菩提薩埵二十三 薩婆薩婆
二十四 摩囉摩囉二十五 摩摩醯唎馱孕二十六
俱盧俱盧羯懞二十七 度盧度盧罰闍耶
帝二十八 摩訶罰闍耶帝二十九 陁囉陁囉三十
地唎尼三十一 室佛囉耶三十二 遮囉遮囉三十三

摩摩罰摩囉三十四 目帝囇三十五 伊醯移醯

大悲心陁羅尼經 第八張 潔

三十六 室那室那三十七 阿囉嗲佛囉舍利三十八

佛沙罰嗲三十九 佛羅舍那四十 呼嚧呼嚧

摩囉四十一 呼嚧醯唎四十二 娑囉娑囉四十三 悉

唎悉唎四十四 蘇嚧蘇嚧四十五 菩提夜菩提

夜四十六 菩馱夜菩馱夜四十七 弥帝唎夜四十八

那囉謹墀四十九 他唎瑟尼那五十 波夜摩

那五十一 娑婆訶五十二 悉陁夜五十三 娑婆訶五十四

摩訶悉陁夜娑婆訶五十五 悉陁喻藝

五十六 室皤囉五十七 娑婆訶五十八 那囉謹墀

五十九 娑婆訶六十 摩囉那囉娑婆訶六十一

悉囉僧訶穆佉耶六十二 娑婆訶六十三 派

摩訶阿悉陁夜六十四 娑婆訶六十五 者吉囉

阿悉陁夜六十六 娑婆訶六十七 波摩羯悉

哆夜六十八 娑婆訶六十九 那囉謹墀皤伽

囉夜七十 娑婆訶七十一 摩婆唎勝羯囉

夜七十二 娑婆訶七十三 南無曷囉怛那哆

囉夜耶七十四 南無阿唎耶七十五 婆嚧吉

帝七十六 爍皤囉耶七十七 娑婆訶七十八

尒時觀世音菩薩說此呪已大地六

變震動天雨寶花繽紛而下十方諸

佛悉皆歡喜天魔外道驚恐毛竪一

切衆會皆獲果證或得須陁洹果或
得斯陁含果或得阿那含果或得阿

大悲心陁羅尼經 第九張 潔

이상의 고려대장경본 대비주는 해인사 팔만대장경의 경판에 있는 그대로를 필자가 옮겼는데, 이 중 몇 글자는 현재 사용치 않거나 속자 또는 약자로 되어 있어서 경판의 원래 글자로 옮기지 못한 것도 있다.

망월사본 대비주(용암 著)

(新增)

千手千眼觀自在菩薩廣大圓滿無碍大悲心大陀羅尼啓請

稽首觀音大悲主 願力洪深相好身 千臂莊嚴普護持 千眼光明徧觀照

眞實語中宣密語 無爲心內起悲心 速令滿足諸希求 永使滅除諸罪業

龍天衆聖同慈護 百千三昧頓熏修 受持身是光明幢 受持心是神通藏

洗滌塵勞願濟海 超證菩提方便門 我今稱誦誓歸依 所願從心悉圓滿

南無大悲觀世音 願我速知一切法 南無大悲觀世音 願我早得智慧眼

南無大悲觀世音 願我速度一切衆 南無大悲觀世音 願我早得善方便

南無大悲觀世音 願我速乘般若船 南無大悲觀世音 願我早得越苦海

南無大悲觀世音 願我速得戒足道 南無大悲觀世音 願我早登圓寂山

南無大悲觀世音 願我速會無爲舍 南無大悲觀世音 願我早同法性身

我若向刀山 刀山自摧折 我若向火湯 火湯自消滅

我若向地獄 地獄自枯渴 我若向餓鬼 餓鬼自飽滿

我若向修羅 惡心自調伏 我若向畜生 自得大智慧

經云發是願已至心念我本師阿彌陀佛名號而後誦此眞言

觀世音菩薩摩訶薩 大勢至菩薩摩訶薩

千手菩薩摩訶薩 如意輪菩薩摩訶薩

大輪菩薩摩訶薩 觀自在菩薩摩訶薩

正趣菩薩摩訶薩 滿月菩薩摩訶薩

水月菩薩摩訶薩　軍陀利菩薩摩訶薩

十一面菩薩摩訶薩　諸大菩薩摩訶薩

南無本師阿彌陀佛　此一号三誦

神妙章句大陀羅尼曰

唐開府儀同三司特進試鴻臚卿肅國公食邑三千戶實封三百戶大興善寺三藏沙門 不空奉 詔譯

曩謨 囉(引)怛曩(二合)怛囉(二合)夜(引)野(一) 曩莫 阿(引)哩野(二合) 嚩路(引)枳諦 濕嚩(二合)囉(引)野(二) 冒地

나모라다나다라야야 나막알약 바로기제새바라야 모지

薩怛嚩(二合)(引)野(引) 摩賀(引)薩怛嚩(二合)(引)野(三) 摩賀迦(引)嚕抳迦(引)野(四) 唵(五) 薩嚩(二合)婆(引)曳數(六)

사다바야 마하사다바야 마하가로니가야 옴 살바바예수

怛囉(二合)嚩(引)拏(引)迦囉野怛寫銘(七) 曩莫塞訖哩(三合)怛嚩(二合引)(八) 伊給(引)(九) 阿哩(引)嚩(二合)路(引)枳諦

다라나가라야 다샤명 나막 가리다바 이맘 알야 바로기뎨

濕嚩(二合)囉(引)怛嚩(十) 寧擺建姹 曩麼紇哩(二合)娜野 麼嚩哩(二合)跢(二合)以弭(引) 薩哩嚩(二合)

새바라다바 니라간타 나막 하리나야 마발다 이사미 살발

囉他(二合)娑馱喃(引)(三) 輸伴阿薺琰(四) 薩哩嚩(二合)步(引)跢(引)喃(五) 婆嚩末哩誐(二合)尾戍

타 사다남 슈반 아예염 살바보다남 바바말아 미슈

馱釰(六)怛儞也(二合)佗(引)(七)唵(八)阿路計阿路迦(九)摩底路迦(引)底(二合)羯嚕諦(十)醯醯

다감다냐타옴아로계아로가마디로가디란뎨혜혜

賀嚟(一)摩賀冒地薩怛嚩(二合)(引)(二)娑麼(二合)囉娑麼(二合)囉紇哩(二合)娜野(三)矩嚕矩嚕羯

하례마하모디사다바사라사라흐리나야구로구로갈

嚰(二合)(四)娑(引)達野娑馱野(五)度嚕度嚕尾演(引)諦(六)摩賀尾演諦(七)馱

마사다야사다야도로도로미연뎨마하미연뎨다

←

囉駄囉達嚮捺嚟二合引八濕嚩二合囉左攞左攞九摩攞尾摩攞十三阿摩攞

라다라다린나례샵바라자라자라마라미마라아마라

母嚟二合諦一壹醯二合呬二路計濕嚩二合引囉囉引誐三尾灑尾曩引捨野四嚩二合灑尾

몰뎨예혜혜로계샵바라라아미사미나샤야나볘사미

灑尾曩捨野五謨引賀左羅尾灑尾曩捨野六虎嚕虎嚕七麼攞

사미나샤야모하자라미사미나샤야호로호로마라

虎嚕賀黎八鉢[illegible]二合曩婆引九娑囉娑囉四十悉哩悉哩一素上嚕素嚕

←

호로하례바나마나바사라사라시리시리소로소로

沒地野(二合)沒地野(二合)三 冒馱野冒馱野四 昧怛哩野(二合)五 顈攞建姹六 迦麼寫

몯다몯다야모다야모다야미드리야니라간타가마샤

捺嚕捨(二合)喃七 鉢囉(二合)賀囉(二合)娜野摩(引)諾(入)八 娑嚩(二合)(引)賀(引)九 悉馱野十 娑嚩(二合)賀 摩賀悉馱

놀사남바라하리나야마낙사바하싣다야사바하마하싣다

野(二) 娑嚩(二合)賀(三) 悉馱喩藝濕嚩(二合)囉野(四) 娑嚩(二合)賀(五) 顈攞建姹野(六) 娑嚩(二合)賀(七) 嚩囉

야사바하싣다유예새바라야사바하니라간타야사바하바라

賀目佉八 僧賀目佉野九 娑嚩賀二合六十 鉢娜摩二合引 賀娑多野二合一 娑嚩賀二合二 作羯囉二合欲

하목카。싱하목카야。사바하。바나마하싸다야。사바하。자「라욕

馱野三 娑嚩賀二合四 商佉攝娜寧五 冒達曩野六 娑嚩賀二合七 摩賀攞矩吒八

다야。사바하。상카섭나네。모다나야。사바하。마하라구타。

馱囉野九 娑嚩賀二合七十 嚩麼娑建陀二合徐捨 娑體二合路一 訖瑟二合拏二合吤曩野二 娑嚩賀二合三

다라야。사바하。바마사간타니사스톄다。「릿나이나야。사바하。

←

尾(二合)囉(二合)拶曩(二合)四 儞嚩娑曩野五 娑嚩(二合)賀六 曩謨囉(引)怛曩(二合)怛囉(二合)夜野七 曩莫

먀라잘마니바사나야 사바하 나모라다나다라야야 나막

啊(引)哩(二合)野 嚩路枳諦 濕嚩(二合)囉野八 娑嚩(二合)賀

알야 바로기뎨 사바라야 사바하

불공不空역 청경대비주 (74구)

大慈大悲救苦觀世音自在王菩薩
廣大圓滿無礙自在青頸大悲心陀羅尼

大廣智不空譯

南無歸命頂禮南方海上蒲陀落淨土。正法教主釋迦牟尼如來。觀音本師無量壽如來。觀音本正法明如來。南無千手千眼觀世音菩薩廣大圓滿無礙大悲心大陀羅尼。救苦陀羅尼。延壽陀羅尼。加滅惡趣陀羅尼。破業障陀羅尼滿願陀羅尼。隨心自在陀羅尼。速超上地陀羅尼。一聞神咒超第八地陀羅尼。四百四病一時消滅陀羅尼

南無 喝羅怛那哆羅 夜唧(一) 南無 阿唎唧(二) 婆盧羯帝 爍鉢囉唧(三)

菩 提 薩哆婆唧(四) 摩訶 薩埵婆唧(五) 摩訶 迦嚧昵迦唧(六) 唵(七)

薩皤囉 罰曳(八) 數怛那怛寫(九) 南無 悉吉嘌埵 伊蒙 阿唎耶(十)

婆嚧吉帝 室佛楞馱婆(十一) 南無 那囉謹墀(十二) 醯利 摩皤哆沙咩(十三)

薩婆阿陀 頭輸朋(十四) 阿逝孕(十五) 薩婆 菩哆那 摩縛伽(十六) 摩罰特豆(十七)

怛姪他(十八) 唵 阿波盧醯 盧迦帝(十九) 迦羅帝(二十) 夷醯唎(二十一)

摩訶 菩 薩埵(二十二) 薩婆 薩婆(二十三) 摩羅 摩羅 摩摩 醯唎馱孕(二十四)

俱嚧 俱嚧 羯蒙(二十五) 度嚧 度嚧 罰闍耶帝(二十六) 摩訶 罰闍耶帝(二十七)

陀羅 陀羅(二十八) 地利尼(二十九) 囉耶(三十) 遮囉 遮囉(三十一) 摩摩 罰摩羅(三十二)

穆帝囇(三十三) 伊醯 移醯(三十四) 室那 室那(三十五) 阿羅參 佛羅舍利(三十六)

罰沙罰參 佛羅舍耶(三十七) 呼嚧 呼嚧 麼囉(三十八) 呼嚧 醯唎(三十九) 沙囉 沙囉(四十)

悉唎 悉唎(四十一) 蘇嚧 蘇嚧(四十二) 菩提唧 菩提唧(四十三)

菩提耶 菩提耶(四十四) 彌帝唎耶(四十五) 那囉謹墀(四十六) 他唎瑟尼那 波夜 摩那(四十七)

娑婆訶(四十八) 悉陀夜(四十九) 娑婆訶(五十) 摩訶 悉陀夜 娑婆訶 悉陀喻藝(五十二)

室皤伽羅耶 娑婆訶(五十三) 那囉謹墀(五十五) 娑婆訶(五十六) 摩囉那囉(五十七)

娑婆訶(五十八) 悉囉僧阿 穆佉耶(五十九) 娑婆訶(六十) 婆摩訶 悉陀夜(六十一)

娑婆訶(六十二) 者吉囉 阿悉陀夜(六十三) 娑婆訶(六十四) 婆

摩羯 悉哆夜(六十五)

娑婆訶(六十六) 那羅謹墀 皤迦羅夜(六十七) 娑婆訶(六十八)
摩婆唎 勝羯夜(六十九)

娑婆訶(七十) 南無 喝囉怛那多囉 夜耶(七十一) 南無 阿唎耶(七十二) 婆嚧吉帝(七十三) 爍皤囉耶(七十四) 菩提 娑婆呵

青頸觀音陀羅尼一卷青頸大悲心印虛心合掌屈二頭指。各拘二大指第二節(是法螺也)二中指豎合(是蓮花也)二無名指豎圓端(是輪也)二小指直豎合(是杖也)於一印具四印。謂法螺蓮華輪杖也

천수경 속의 대비주

앞에서 천수경 속의 대비주는 대비주 자체만 기록된 것과 천수경 전체를 번역한 것, 그리고 대비주의 독송에 필요한 일부분만 기록된 것이 있음을 보았다.

통상적으로 대비주라고 하면 82구 대비주 또는 84구 대비주라고 하나 필자의 견해는 다르다.

여하튼 두 종의 대비주는 가범달마 역본과 불공 역본을 뜻하는데, 두 경전 속의 대비주 내용은 한두 자를 제외하고는 동일하다. 한두 자라고 하는 것도 글자만 다를 뿐 음은 다를 바 없으므로 동일본으로 간주해도 무방할 것이다.

한편 『천수경』의 가범달마 역본과 불공 역본은 매우 다르면서도, 서로 장단점을 가지고 있어서 서로가 없어서는 안 될 중요한 경전이다.

가범달마삼장 역본은 대비주를 독송하는 방법과 대비주의 위신력, 수지 독송의 가피력 등을 상세하게 설하여져 있으나 각 구절의 뜻이 미비하고, 불공삼장 역본은 경전 자체는 다소 미흡할 정도로 간략하게 되어 있으나 다라니의 뜻을 함께 수록하여 수행자들에게는 없어서는 안 될 중요한 기록을 담고 있다. 이렇게 두 경전이 서로 보완하고 있음을 볼 때, 원래 한 경전을 두 사람이 옮긴 것이거나 가범달마 역본을 불공 스님이 옮겨 쓴 것으로 여겨진다.

현재 우리나라의 현행 통용대비주와 가장 닮은꼴은 가범달마 역본과 불공 역본이지만 금강지 역본 또한 여러 부분에서 비슷한 곳이 많다.

그런데 엇비슷하다거나 그런대로 많이 닮았다고 할 수는 있겠지만 같다고 할 수는 없다.

대비주가 닮았다거나 비슷하다거나 해도 괜찮다는 것은 어불성설이다.

또는 오랜 세월 해왔던 것이니 괜찮다는 것도 마찬가지다.

대다수의 스님들이나 불자들이 생각하고 있는 것은 '그 옛날에 어련히 잘 알아서 했겠느냐? 비슷해도 되고, 다소 틀린 들 무엇이 문제냐? 지금 와서 파헤쳐서 따질 필요가 있느냐?' 등등으로, 언성을 높여 역정을 내거나 신경질적으로 짜증을 내는 소리를 많이 들었다.

의문을 가진 불자가 궁금증을 참지 못해 대비주기도를 시킨 스님께 여쭈었다가 크게 화를 내면서 나무라는 통에 혼쭐이 났다는 소리도 들었다.

그들의 주장은, 어쨌거나 관세음보살이 중생들의 소리를 대자비심으로 들어주고 있다는 것이다. 전적으로 틀린 말이라고는 할 수는 없지만, 과연 그렇게 넘어가야 하는 것일까.

또 다른 대비주들

기존 대장경 속의 대비주 말고도 현장玄奘 삼장법사가 옮겼다는 범본 대비주가 있으며, 중국에서 유통되는 중국판 대비주도 몇 종이 있다.

그뿐만 아니라 필자가 모르는 대비주도 더 있을 수 있다.

더불어 진위를 불구하고 어느 대비주를 염송하더라도 천수천안의 대자대비하신 관세음보살의 위신력과 신묘장구의 가피력이 없다고 하지는 않겠다.

관세음보살님을 향한 중생의 간절한 마음을 모두 보고 듣고 계시므로 절대 외면하실 리는 없으시니까. ……

그런데 왜 굳이 경전에 근거를 둔 대비주여야만 하고, 왜 범자의 원음에 맞추어야 하는 걸까?

얼추 비슷해도 괜찮을 것 같고, 그 옛날에 경전에 정통한 선지식들이 어련히 잘 알아서 했을 법한 지금의 대비주를 꼭 경전과 같이 고쳐야만 할까?

이 점에 대해서는 다음 장에서 그 이유와 논거를 보도록 하겠다.

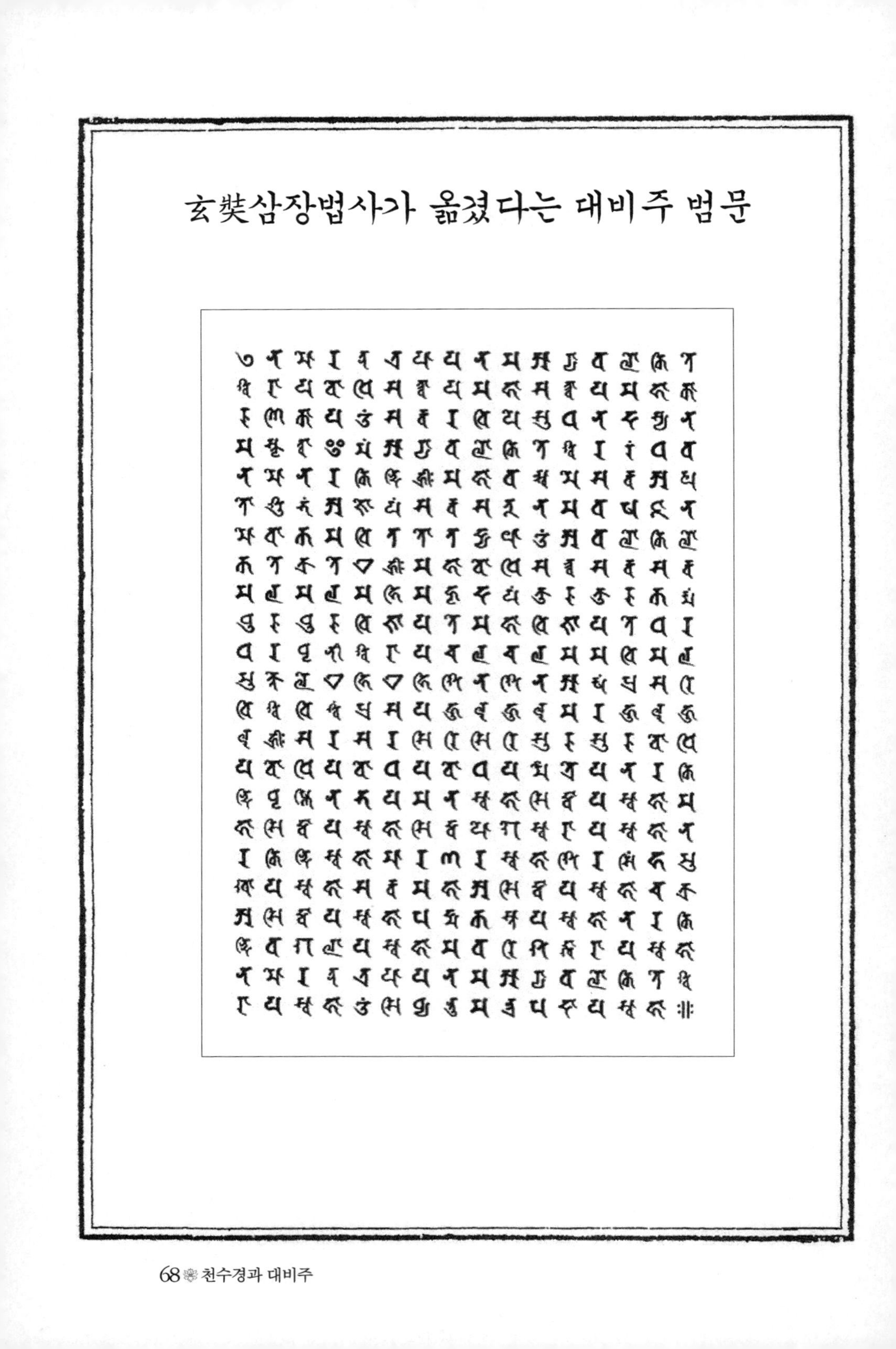

玄奘삼장법사가 옮겼다는 대비주 범문

중국에서 사용하는 현장본 대비주

namo ratna trayaya namo arya valokite svaraya
나모 라트나 트라야야 나모 아 랴 발로키테 스바라야
南無 喝囉怛那 哆囉夜耶 南無 阿唎耶 婆盧羯帝 爍缽囉耶

bodhi sattvaya maha sattvaya maha karunikaya om
보 디 샅트바야 마하 샅트바야 마하 카루니카야 옴
菩 提 薩埵婆耶 摩訶 薩埵婆耶 摩訶 迦盧尼迦耶 唵

sarva raviye sudhanadasya nama skrtva imam
사르바 라비예 수다나다샤 나마 스크르트바 이맘
薩 皤 囉罰曳 數怛那怛寫 南無 悉吉栗埵 伊蒙

arya valokite svara ramdhava namo narakindi hrih
아 랴 발로키테 스바라 람다바 나모 나라킨디 흐릫
阿唎耶 婆盧吉帝 室佛囉 楞馱婆 南無 那囉謹墀 醯唎

maha vatsvame sarva artha tosubham ajeyam sarva sat
마하 바트스바메 사르바 아르타 토수밤 아제얌 사르바 사트
摩訶 皤哆沙咩 薩 婆 阿 他 豆輸朋 阿逝孕 薩 婆 薩哆

namo vasat namo vaka mavitato tadyatha om avaloki lokate
나모 바사트 나모 바카 마비타토 타댜타 옴 아발로키 로카테
那摩 婆薩哆 那摩 婆伽 摩罰特豆 怛姪他 唵 阿婆盧醯 盧迦帝

krate e hrih maha bodhisattva sarva sarva mala mala
크라테 에흐릥 마하 보디샅트바 사르바 사르바 말라 말라
迦羅帝 夷醯唎 摩訶 菩提 薩埵 薩 婆 薩 婆 摩囉 摩囉

mahima hrdayam kuru kuru karmam dhuru dhuru vijayate
마히마 흐르다얌 쿠루 쿠루 카르맘 두루 두루 비자야테
摩醯摩 醯唎馱孕 俱盧 俱盧 羯 蒙 度盧 度盧 罰闍耶帝

maha vijayate dhara dhara dhrni svaraya cala cala
마하 비자야테 다라 다라 드르니 스바라야 찰라 찰라
摩訶 罰闍耶帝 陀囉 陀囉 地唎尼 室佛囉耶 遮囉 遮囉

mama vimala muktele ehi ehi sina sina arsam prasali
마마 비말라 묵텔레 에히 에히 시나 시나 아르삼 프라살리
麼麼 罰摩囉 穆帝隸 伊醯 伊醯 室那 室那 阿囉參 佛囉舍利

visa visam prasaya hulu hulu mara hulu hulu hrih
비사 비삼 프라사야 훌루 훌루 마라 훌루 훌루 흐릥
罰沙 罰參 佛囉舍耶 呼盧 呼盧 摩囉 呼盧 呼盧 醯利

sara sara siri siri suru suru bodhiya bodhiya

사라 사라 시리 시리 수루 수루 보디야 보디야

娑囉 娑囉 悉唎 悉唎 蘇嚧 蘇嚧 菩提夜 菩提夜

bodhaya bodhaya maitreya narakindi dhrsnina

보다야 보다야 마이트레야 나라킨디 드르스니나

菩馱夜 菩馱夜 彌 帝 唎夜 那囉謹墀 地利瑟尼那

vaya mana svaha siddhaya svaha maha siddhaya svaha

바야 마나 스바하 싣다야 스바하 마하 싣다야 스바하

婆夜 摩那 娑婆訶 悉陀夜 娑婆訶 摩訶 悉陀夜 娑婆訶

siddhayoge svaraya svaha narakindi svaha

싣다요게 스바라야 스바하 나라킨디 스바하

悉陀喻藝 室皤囉夜 娑婆訶 那囉謹墀 娑婆訶

maranara svaha sirasimha mukhaya svaha

마라나라 스바하 시라심하 무카야 스바하

摩囉那囉 娑婆訶 悉囉僧阿 穆佉耶 娑婆訶

sarva maha asiddhaya svaha cakra asiddhaya svaha

사르바 마하 아싣다야 스바하 차크라 아싣다야 스바하

娑婆 摩訶 阿悉陀夜 娑婆訶 者吉囉 阿悉陀夜 娑婆訶

padma kasiddhaya svaha narakindi vagalaya svaha

파드마 카싣다야 스바하 나라킨디 바갈라야 스바하

波陀摩 羯悉陀夜 娑婆訶 那囉謹墀 皤伽囉耶 娑婆訶

mavari sankharaya svaha

마바리 상카라야 스바하

摩婆利 勝羯囉夜 娑婆訶

namo ratna trayaya mano arya valokite svaraya svaha

나모 라트나 트라야야 나모 아랴 발로키테 스바라야 스바하

南無喝囉怛那 哆囉夜耶 南無 阿利耶 婆羅吉帝 爍皤囉夜 娑婆訶

om sidhyantu mantra padaya svaha

옴 시 댠 투 만트라 파다야 스바하

唵 悉 殿 都 漫多囉 跋陀耶 娑婆訶

자료출처 : 中國 悉曇協會

국역 : 梵天 德山

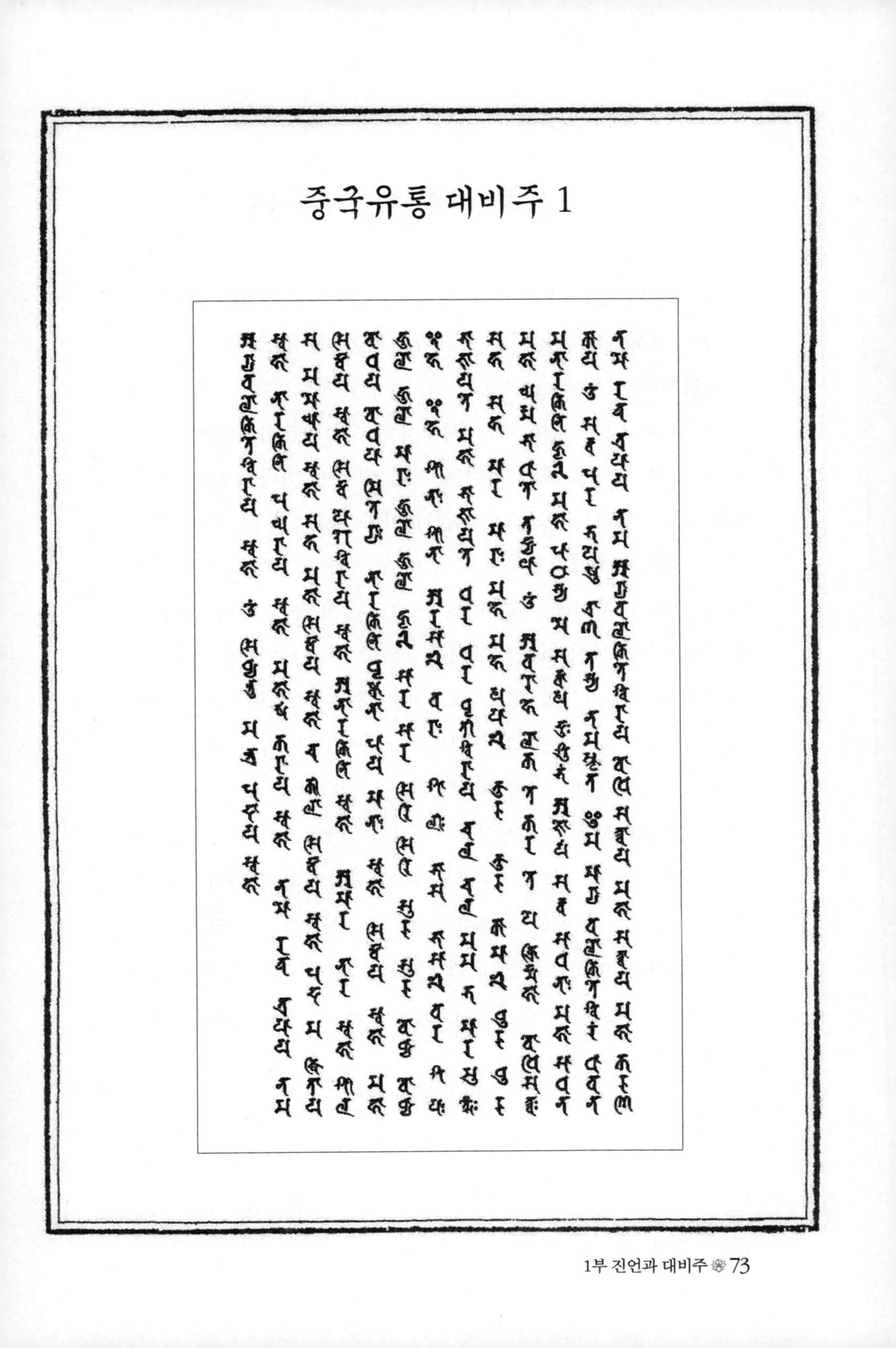

중국유통 대비주 1

중국유통 대비주 2 (한글)

나모 라트나 트라야야 나마 아랴 바로키테 스바라야 보디 샅트바야 마하 샅트바야 마하 카루니카야 옴 사르바 파라바예 수트라나타샤 나마 스크르타 이마 마랴 바로키테 스바람다바 나마 나라키니 흐르드 마하 샤타샤메 사르바르타 둫슈밤 아제얌 사르바 사다낳 마하 사다나 마하 가르마 바다토 타댜타 옴 아바로헤 로카테 카라테 예흐리르마하 보디샅트밯 사하 사하 마라 마랗 마헤마헤르타야트 쿠루쿠루 카마트 두루두루 바자야테 마하 바자야테 다라 다라 드르티 스바라야 차라 차라 마마 바마라 무트사잉레 이헤이헤 시낳시나 아르사트 바랗샤맇 바사바사트 바라사얗 후로후로 마랗 후로후로 흐르드 사라사라 시리시리 수루수루 보댜 보댜 보다야 보다야 미테랴 나라키니 드르스느다나 파야 마낳 스바하 싣다야 스바하 마하 싣다야 스바하 싣다요게 스바라야 스바하 아나라키니 스바하 아마라나라 스바하 시라사마 마모가야 사하 마하 싣다야 스바하 차키라 싣다야 스바하 파다마 크시타야 스바하 나라키니 파가라야 스바하 마하르샴 카라야 스바하 나모 라트나 트라야야 나마 아랴 바로키테 스바라야 스바하 옴 시단투 만트라 파다야 스바하

※ 필자가 한글로 음사함

2부
각 대비주의 대조

현행대비주의 모본
망월사본 대비주

현재의 대비주가 경전에는 없다고 했는데, 그렇다면 어느 문헌에 의거하여 만들어졌는가?

현재 시중에는 진언을 모아 엮은 영인본 『진언집眞言集』(해동사문 용암 지음)이 유통되고 있다.

우리나라의 진언집에 관하여 『실담자기와 망월사본 진언집 연구』(위덕대학교 이태승, 안주호 공저)는 다음과 같이 밝히고 있다.

> …… 불가에서는 전통적으로 내려오는 진언만을 따로 모아 큰 사찰을 중심으로 여러 차례 진언집을 편찬하게 되었는데, 그중에서도 1569년 간행된 안심사安心寺본과 1777년 간행된 만연사萬淵寺본, 그리고 1800년 간행된 망월사望月寺 본이 있다. ……
>
> 훗날 용암화상龍巖和尙이 편찬한 1777년판 화순和順 만연사본이

재난으로 소실되어 영월규공이 만연사본을 저본으로 하여 수정을 가하고 다시 새겨 양주楊州 망월사에 보관한 것이 망월사본이다.(망월사본 진언집跋)

또 현존하는 최고最古의 진언집인 안심사본에 대하여는, '진언음의 잘못된 부분이 많이 있었으므로 만연사본을 새로 편찬하게 되었다.(망월사본 진언집跋)'

현행대비주가 망월사 대비주를 저본으로 하고 있다는 것이 사실임이 밝혀졌지만 앞의 책에서 망월사 진언집의 원본인 만연사본 진언집에 대하여 "오른쪽 진언집 일부는…… 만연사본이 분실된 후에 영월대사가 (만연사본 일부분을) 수정을 가하고 다시 새겨 양주 망월사에 보관한 것이 『망월사본진언집』이다."라고 되어 있다. 또한 만연사본에도 동종의 대비주가 기록되어 있으며 내용면에서 약간의 차이는 있으나 대동소이하다.

2권 2책冊 중에 대비주는 후반부에 속해 있으므로 만연사본 이전에도 망월사본과 같은 대비주가 있었는지, 만연사본의 저자인 용암화상이 쓴 것인지, 또는 망월사본의 편찬자인 영월대사가 찬한 것으로 보아야 할 것인지 필자로서는 판단이 어렵다.

하여간에 위에서 밝히고 있는 것처럼, 만연사본과 망월사본은 수정되고 보완된 것으로 보인다.

이와 같은 기록을 볼 때 중국인들이 자기들의 독음체계로 번역한 한자漢字 다라니를 중국인들과는 다른 독음讀音을 쓰는 우리나라 사람들이 우리말로 옮기면서 상당 부분이 원래의 범음과는 괴리가 생겼다고 볼 수 있다.

현행대비주의 근거가 되는 문헌은 이상과 같이 망월사본 진언집에 전적으로 의거한 것이다.

이제 현행대비주의 근거인 망월사본 진언집에 수록된 대비주가 대장경의 원본과 다른 점과 고쳐져야 하는 점을 상세히 밝혀보기로 한다.

망월사본과 불공 역본의 대조

망월사본은 계청부터 시작하여 나무본사아미타불까지가 전송으로 되어 있다.

망월사본은 저본底本이 불공 역본으로 되어 있으나 대장경 속에 이와 같은 발음이 나오는 불공 역 천수경은 없다.

첫째, 제목이 '천수천안관자재보살광대원만무애대비심대다라니계청千手千眼觀自在菩薩廣大圓滿無礙大悲心大陀羅尼啓請'으로 되어 있으나 대장경 불공 역본은 '천수천안관세음보살대비심대다라니계청千手千眼觀世音菩薩大悲心大陀羅尼啓請'으로 되어 있다.

둘째, 역자 명이 망월사본에는 '당개부삼조관정국사특진시홍려경숙국공식읍삼천호실봉삼백호대흥선사삼장사문불공봉 조역唐開府三朝灌頂國師特進試鴻臚卿肅國公食邑三千戶實封三百戶大興善寺三藏沙門不空奉 詔譯'이라고 되어 있으나 정본 불공 역본은 '大唐三藏不空

譯'으로 가장 간략하다.

대장경에서 불공 삼장이 사용한 역자명의 종류가 대략 열 가지 정도이지만 망월사본과 같이 사용한 경우는 없다.

특히 실봉삼백호實封三百戶라고 쓰여진 경우는 없었다.

이해를 돕기 위해 불공 삼장이 사용한 역자명을 보면 다음과 같다.

① 大廣智不空譯

② 大唐三藏不空譯

③ 三藏沙門大廣智不空奉 詔解釋

④ 大興善寺三藏沙門不空奉 詔譯

⑤ 大興善寺三藏沙門大廣智不空奉 詔譯

⑥ 唐特進試鴻臚卿三藏沙門大廣智不空奉 詔譯

⑦ 特進試鴻臚卿大興善寺沙門大廣智不空奉 詔譯

⑧ 特進試鴻臚卿大興善寺三藏沙門大廣智不空奉 詔譯

⑨ 特進試鴻臚卿加開府儀同三司封肅國公贈司空謚大辨正大興善寺大廣智不空奉 詔譯

⑩ 開府儀同王司特進試鴻臚卿肅國公食邑三千戶賜紫贈司空謚大鑒正號大廣智大興善寺三藏沙門不空奉 詔譯

망월사본은 위의 어느 것과도 일치하지 않는다.

다만 마지막의 ⑩번과 언뜻 보면 비슷한 것 같지만 실제로는 많이 다르다.

고려대장경의 천수경은 역자명이 당서천축삼장가범달마역唐西

天竺三藏伽梵達磨譯이다.

셋째, 대비주의 본문이 망월사본은 曩謨(引)囉怛曩(二合)怛囉(二合)夜耶(一)曩莫阿(引)哩夜로 되어 있는데 해인사의 고려대장경 경판본은 '南無曷囉怛那哆囉夜耶'로 되어 있는 등, 대부분이 다르다. 아니 전혀 다르다고 보아야 한다.

망월사본 曩謨(引)囉怛曩(二合)怛囉(二合)夜耶(一)曩莫阿(引)哩夜

금강지역본 曩慕囉(引)怛曩(二合)怛囉(二合)夜耶(一)曩莫阿(引)哩夜

가범달마 역본 南無喝囉怛那哆囉夜𠰒(一)南無阿唎𠰒

불공 역본 南無喝囉怛娜哆囉夜𠰒(一)南無阿唎𠰒

지공 역본 那謨囉怛那怛囉夜野(一)那謨阿哩夜

넷째, 불공 역본이나 가범달마 역본에는 다라니의 끝 부분에 '시댬투 만트라 파다야 스바하[悉殿都(八十一)漫哆羅(八十二)跋馱耶(八十三)娑婆訶(八十四)]'가 있지만 망월사 본에는 없다.

다섯째, 통상 대비주라고 하면 82구(가범달마 역본) 또는 84구(불공 역본)라고 하는데 망월사본은 10구 단락으로 일곱에 여덟 구절句節 등 78구로 구성되어 있으며, 금강지 역본의 구절 구분 형태와 일부 흡사하다.

현행대비주

나모라 다나다라 야야 나막알약 바로기제 새바라야 모지 사다바야 마하 사다바야 마하가로 니가야 옴 살바 바예수 다라나가라야 다사명 나막 가리다바 이맘알야 바로기제 새바라 다바니라간타 나막 하리나야 마발다 이사미 살발타 사다남 수반아예염 살바보다남 바바말아 미수다감 다냐타 옴 아로계 아로가 마지로가 지가란제 혜혜하례 마하모지 사다바 사마라 사마라 하리나야 구로구로 갈마 사다야 사다야 도로도로 미연제 마하 미연제 다라다라 다린나례 새바라 자라자라 마라 미마라 아마라 몰제 예혜혜 로계 새바라 라아미사미 나사야 나베 사미사미 나사야 모하자라 미사미 나사야 호로호로 마라호로 하례 바나마 나바 사라사라 시리시리 소로소로 못쟈못쟈 모다야 모다야 매다리야 니라간타 갈마사 날사남 바라 하라나야 마낙사바하 싣다야 사바하 마하싣다야 사바하 싣다유예 새바라야

사바하 니라간타야 사바하 바라하 목카 싱하목카야 사바하 바나마 하따야 사바하 자가라 욕다야 사바하 상카섭나네 모다나야 사바하 마하라 구타 다라야 사바하 바마사간타 니사시체다가릿나 이나야 사바하 먀가라 잘마 이바 사나야 사바하 나모라 다나다라 야야 나막알약 바로기제 새바라야 사바하

『통일 법요집』(2003년 1월 13일 조계종출판사 발행)

망월사본 대비주

나모 라 트나트라 야야 나막아르약 바로기제 스바라야 보디 사트바야 마하 사트바야 마하가루 니카야 옴 사르바 바예수 트라나 카라야 다사명 나막 스크르트바 이맘아르야 바로키테 스바라 트바 니라칸타 나막 흐르다야 마바르타 이샤미 사르바 르다 사다남 수밤 아제얌 사르바 부타남 바바마르가 미수다캄 타댜탸 옴 아로케 아로카 마티로카 티크란테 혜혜하레 마하모 디 사트바 스마라 스마라 흐르나야 코루코루 카르마 사다야 사다야 두루두루 비얀테 마하 비얀테 다라다라 다린느레 스바 라 차라차라 마라 미마라 아마라 무르테 에헤르혜 로케스바라 라아미샤미 나샤야 드베 샤미샤미 나샤야 모하차라 미샤미 나 샤야 호루호루 마라호루 하레 파드마 나바 사라사라 시리시리 수루수루 몯댜몯댜 모다야 모다야 마이트리야 니라칸타 카마 샤 르샤남 프라 흐르다야 마낙 스바하 싣다야 스바하 마하 싣

다야 스바하 싣다유예 스바라야 스바하 니라칸타야 스바하 바라하 무카싱하 무카야 스바하 파드마 하스타야 스바하 차크라 육타야 스바하 샹카 샤프타네 보다나야 스바하 마하라 코타 다라야 스바하 바마스칸타 디샤스티타 크르스타 지나야 스바하 먀그라 차르마 디바 사나야 스바하 나모라 트나트라 야야 나막아르야 바로키테 스바라야 스바하 (필자 번역)

망월사 범본을 옛날 우리나라에서 사용하던 방식대로 번역하면 현행대비주와 조금도 다르지 않고 동일하다고 볼 수 있다.

망월사본 대비주와 현행대비주의 대조

[가운데 줄이 망월사본 대비주]

曩謨 囉怛曩怛囉 夜野 曩莫 啊哩也 嚩路枳諦
나모 라트나트라 야야 나막 아르약 바로기제
나모 라다나다라 야야 나막 알　약 바로기제

濕嚩囉野 冒地 薩怛嚩也 摩賀 薩怛嚩野 摩賀迦嚕
스바라야 보디 사트바야 마하 사트바야 마하가루
새바라야 모지 사다바야 마하 사다바야 마하가로

抳迦野 唵 薩嘌嚩 婆曳數 怛囉拏 迦囉野 怛寫銘
니카야 옴 사르바 바예수 트라나 카라야 다사명
니가야 옴 살 바 바예수 다라나 가라야 다사명

曩莫 塞訖哩怛嚩 伊牟含啊哩也 嚩路枳諦 濕嚩囉
나막 스크르트바 이 맘아르야 바로키테 스바라
나막 가리다바 이 맘알 야 바로기제 새바라

怛嚩 顭攞建姹 曩麽 紇哩娜野 麽嚩嘌路 以瑟也弭
트바 니라칸타 나막 흐르다야 마바르타 이 샤 미
다바 니라간타 나막 하리나야 마 발 다 이 사 미

薩嘌嚩囉佗 薩馱南 輸伴阿薺琰 薩嘌嚩 步路喃
사르바르다 사다남 수밤아제얌 사르바 부타남
살 발 타 사다남 수반아예염 살 바 보다남

娑嚩沫嘌誐 尾戍馱劍 怛儞也佗 唵 阿路計 阿路迦
바바마르가 미수다감 타 댜 타 옴 아로케 아로카
바바 말 아 미수다감 다 냐 타 옴 아로계 아로가

麽底路迦 底羯訖囒諦 醯醯賀嚟 摩賀 冒地薩怛嚩
마티로카 티 크란 테 헤헤하레 마하 모디사트바
마지로가 지 가란 제 혜혜하례 마하 모지사다바

娑麽囉 娑麽囉 紇哩娜野 矩嚕矩嚕 羯喋麽 娑達野
스마라 스마라 흐르나야 코루코루 카르마 사다야
사마라 사마라 하리나야 구로구로 갈 마 사다야

娑馱野 度魯度魯 尾演諦 摩賀 尾演諦 馱囉馱羅
사다야 두루두루 비얀테 마하 비얀테 다라다라
사다야 도로도로 미연제 마하 미연제 다라다라

達㘑捺嚟 濕嚩囉 左攞左攞 摩攞 尾摩攞 阿摩攞
다린느레 스바라 차라차라 마라 미마라 아마라
다린나례 새바라 자라자라 마라 미마라 아마라

母喋諦 曀醯曳呬 路計 濕嚩囉 囉誐尾灑尾 曩捨野
무르테 에헤르헤 로케 스바라 라아미샤미 나샤야
몰 제 예 혜 혜 로계 새바라 라아미사미 나사야

禰吠 灑尾灑尾 曩捨野 謨賀左羅 尾灑尾 曩捨野
드베 샤미샤미 나샤야 모하차라 미샤미 나샤야
나베 사미사미 나사야 모하자라 미사미 나사야

虎嚕虎嚕 麽攞虎嚕 賀黎 鉢娜麽 曩婆 娑囉娑囉
호루호루 마라호루 하레 파드마 나바 사라사라
호로호로 마라호로 하례 바나마 나바 사라사라

悉哩悉哩 素嚕素嚕 沒地野 沒地野 冒馱野 冒馱野
시리시리 수루수루 묻 댜 묻 댜 모다야 모다야
시리시리 소로소로 못 쟈 못 쟈 모다야 모다야

昧怛哩野 　 顈攞建姹 迦麼寫 捺哩捨喃 鉢囉賀囉娜野
마이트리야 니라칸타 카마샤 르 샤 남 프라흐르다야
매 다 리야 니라간타 갈마사 날 사 남 바라하라나야

摩諾 娑嚩賀 悉馱野 娑嚩賀 麼賀 悉馱野 娑嚩賀
마낙 스바하 싣다야 스바하 마하 싣다야 스바하
마낙 사바하 싣다야 사바하 마하 싣다야 사바하

悉馱喻藝 濕嚩囉野 娑嚩賀 顈攞建姹野 娑嚩賀
싣다유예 스바라야 스바하 니라칸타야 스바하
싣다유예 새바라야 사바하 니라간타야 사바하

嚩囉賀 目佉僧賀 目佉野 娑嚩賀 鉢娜麼 賀娑跢野
바라하 무카싱하 무카야 스바하 파드마 하스타야
바라하 목카싱하 목카야 사바하 바나마 하 따 야

娑嚩賀 作羯囉 欲馱野 娑嚩賀 商佉 攝 娜 寗
스바하 차크라 육타야 스바하 샹카 샤프타네
사바하 자가라 욕다야 사바하 상카 섭 나 녜

冒達曩野 娑嚩賀 摩賀攞 矩吒 馱囉野 娑嚩賀

보다나야 스바하 마하라 코타 다라야 스바하

모다나야 사바하 마하라 구타 다라야 사바하

嚩麽娑建姹 儞捨悉體跢 訖哩瑟拏 嚩曩野 娑嚩賀

바마스칸타 디샤스티타 크르스타 지나야 스바하

바마사간타 니사시체다 가 릿 나 이나야 사바하

尾野伽囉 拶哩麽 你嚩 娑曩野 娑嚩賀 曩謨 囉怛曩

먀 그 라 차르마 디바 사나야 스바하 나모 라트나

먀 가 라 잘 마 이바 사나야 사바하 나모 라다나

怛囉夜野 曩莫 啊哩也 嚩路枳諦 濕嚩囉野 娑嚩賀

트라야야 나막 아르야 바로키테 스바라야 스바하

다라야야 나막 알 약 바로기제 새바라야 사바하

망월사본 대비주의 한자본

曩謨 囉怛曩怛囉 夜野 曩莫 啊哩也 嚩路枳諦 濕嚩囉野 冒地薩怛嚩也 摩賀 薩怛嚩野 摩賀迦嚕 抳迦野 唵 薩嘌嚩 婆曳數 怛囉拏 迦囉野 怛寫銘 曩莫 塞訖哩怛嚩 伊翕啊哩也 嚩路枳諦 濕嚩囉怛嚩 頸羅 建姹 曩麼 紇哩娜野 麼嚩嘌 跢 以瑟也弭 薩嘌嚩囉佗 薩馱南 輸伴阿薺琰 薩嘌嚩 步跢喃婆嚩沫嘌誐尾戍馱劍怛儞也佗 唵 阿路計 阿路迦 麼底路迦 底羯訖𠻴諦 醯醯賀嚟 摩賀 冒地薩怛嚩 娑麼囉 娑麼囉 紇哩娜野 矩嚕矩嚕 羯嘌 娑達野 娑馱野 度魯度魯 尾演諦 摩賀 尾演諦 馱囉馱羅 達嚩捺嚟濕嚩囉 左攞左攞 尾摩攞 阿摩攞 母嘌諦 曀醯曳呬 路計 濕嚩囉 囉誐 尾灑尾 曩捨野 禰吠灑尾灑尾 曩捨野 謀賀左羅 尾灑尾 曩捨野 虎嚕虎嚕 麼攞虎嚕 賀黎鉢娜麼 曩婆 娑囉娑囉 悉哩悉哩 素嚕素嚕 沒地野 沒地野 冒馱野 冒馱野 味怛哩野 頸攞建姹 迦麼寫 捺哩捨喃 鉢囉 賀囉娜野 摩諾 娑嚩賀 悉馱野 娑嚩賀 麼賀

悉馱野 娑嚩賀 悉馱喩藝 濕嚩囉野 娑嚩賀 顭攞建姹野 娑嚩賀 嚩囉賀 目佉僧賀 目佉野 娑嚩賀 鉢娜麽 賀娑跢野 娑嚩賀 作羯囉 欲馱野 娑嚩賀 商佉攝娜寗 冒達曩野 娑嚩賀 摩賀攞 矩吒馱囉野 娑嚩賀 嚩麽娑建姹 儞捨悉體跢 訖哩瑟拏 嚛(吩)曩野 娑嚩賀 尾野伽囉 拶哩麽你嚩 娑曩野 娑嚩賀 曩謨 囉怛曩怛囉 夜野 曩莫 啊哩也 嚩路枳諦 濕嚩囉野 娑嚩賀

망월사본 대비주와 금강지 역본의 비교

다른 점

1. 망월사본은 불공 역본을 따른 듯 계청에서부터 '나무본사아미타불'까지의 전송이 있으나 금강지 역본에는 다라니만 기록되어 있다.
2. 다라니의 한문 부분이 대체로 다르다.
3. 범자가 많이 다르다.
4. 망월사본은 78구로 구성되어 있고, 금강지 역본은 113구절로 구성되어 있다.

※참고로 망월사본은 범자 395자로 구성되어 있으며 금강지 역본은 후반부에 822자(영운사보통진언장본靈雲寺普通眞言藏本)로 기록되어 있다.

비슷한 점

1. 각 구절에서 장, 단음의 표시와 구절의 구분 방법이 비슷하다.
2. 한자의 구성이 다른 대비주와는 다르지만 망월사본과 금강지 역본이 가장 많이 닮았다.
3. 금강지 역본을 한글로 번역했을 때 다른 대비주보다는 더 많은 부분이 비슷하다.
4. 두 본 모두 범본이 존재한다.

금강지 역본 대비주의 한글 번역

저본이 고려 팔만대장경인 금강지 한역본 대비주와 말부에 기록된 영운사 보통진언장 범본을 대조해 본 결과 양 본이 범자본 발음과 한문본 발음의 문자 형태가 서로 일치함을 확인하였다.

다음은 필자가 번역한 금강지 역본 대비주이다.

나모 라트나 트라야야 나맣 아랴 바로키테 스바라야보디 사트바야 마하 사트바야 마하카루 니카야 사르바 반다나 체다나 카라야 사르바바바 사무드람 숙샤나 카라야 사르바 뱌디 프라샤마나 카라야 사르베티튜 반드라바 비나샤나 카라야 사르바 바예슈 트라나 카라야 타스바이 나마 스크르트바 이나마랴 바로키테 스바라 바시탐 니라캄타테 나마 흐르다야 마브라타 이챠미 사르바타 사다캄 슈밤아지얌 사르바 부타남 바바마르가 비슈다캄 타댜타 옴 아로케 아로카 마티로카 티트람테 헤하레 아랴 바로키테 스바라 마하 보디사트바 헤보디 사트바 헤마하 보디 사트바 헤비랴 보디 사트바 헤마하 카루니카 스미라 흐르다얌 히히하레 아랴 바로키테 스바라 마헤 스바라 파라마 트라칠타 마하 카루니카 쿠루쿠루 카르맘 사다야 사다야 빈 댬 니헤니헤 타바람 카맘가마 비가마 신다유예 스바라 두루두루 비얀티 마하 비얀티 다라다라 다레 인드레 스바라 찰라찰라 비말라 마라 아랴 바로 키테 스바라 지나크르 스니 쟈타마쿠타 바람마 프라람 마비람마 마하 신다비댜다라 바라바라 마하 바라 발라발라 마하발라 차라차라 마하차라 크르스니 브르나 디르가 크르스니 팍샤디르가 타나 헤파드마 하스티 차라차라 디샤 찰레 스바라 크르스니 사라 파크르타야 즈료파티타 에혜 헤마하 바라하 무카 트리프라다 하네스바라 나라 야나 바루파 바라 마르가 아리헤니라캄타 헤마하카라 하라하라 비샤니르지 타로카샤 라가비샤비 나샤나 디사 비 샤 비나샤나 무하비샤 비나샤나 후루후루 마라후루 하레 마하 파드마 나바 사라사라 시리시리 수루수루 무루무루 붇댜 붇댜 보다야 보다야 마이테 니라캄타 에혜헤 마마 스티타 쉽하무카 하사하사 뭄차뭄차 마하타타 하삼 에혜헤 팜 마하 신다유예 스바라 사나사나 바체 사다야 사다야 빈 댬 스미라 스미라 삼바가밤탐 로키타 비로 키탐 로테스바람 타타가탐 다다헤 메다르샤나

카마샤 다르샤남 프라 크라다야 마나 스바하 신다야 스바하 마하 신다야 스바하 신다유예 스바라야 스바하 니라캄타야 스바하 바라하 무카야 스바하 마하다라 쉽하 무카야 스바하 신

다비댜 다라야 스바하 파드마 하스타야 스바하 하크르 스니사르파 크르댜야 즈례파 비타야 스바하 마라 라쿠타 다라야 스바하 차크라 유다야 스바하 삼카 삽다니 보다나야 스바하 마마스칸다 비샤 스티타크르 스니지나야 스바하 뱌그라 차마 니바 사나야 스바하

로케 스바라야 스바하 사르바 신데 스바라야 스바하 나모바가바테 아랴 바로키테 스바라야 보디 사트바야 마하 사트바야 마하카로 니카야 신단투메 바트라 파다야 스바하

이상에서 밑줄 친 부분을 그대로 옮겨보면 다음과 같이 된다.

나모 라트나 트라야야 나맣 아랴 바로키테 스바라야 보디 사트바야 마하 사트바야 마하카루 니카야 사르바 바예슈 트라나 카라야 타스바이 나마 스크르트바 이나마랴 바로키테 스바라 바시탐 니라캄타테 나마 흐르다야 마브라타 이챠미 사르바타 사다캄 슈밤아지얌 사르바 부타남 바바마르가 비슈다캄 타댜타 옴 아로케 아로카 마티로카 티트람테 헤하레 마하 보디 사트바 스미라 흐르다얌 쿠루쿠루 카르맘 사다야 사다야 두루 두루 비얀티 마하 비얀티 다라다라 다레 인드레 스바라 찰라 찰라 비말라 마라 아랴 바로 키테 스바라 라가비샤비 나샤나 디사 비 샤 비 나샤나 무하비샤 비나샤나 후루후루 마라후루 하레 파드마 나바 사라사라 시리시리 수루수루 붇다 붇댜 보다야 보다야마이테 니라캄타 카마샤 다르샤남 프라 크라다야

마나 스바하 싣다야 스바하 마하 싣다야 스바하 싣다유예 스바라야 스바하 니라캄타야 스바하 바라하 무카야 스바하 마하다라 쉽하 무카야 스바하 파드마 하스타야 스바하 (마라 라쿠타 다라야 스바하) 차크라 유다야 스바하 삼카 삽다니 보다나야 스바하 마마스칸다 비샤 스티타크르 스니지나야 스바하 뱌그라 차마 니바 사나야 스바하 나모 바가바테 아랴 바로키테스바라야 스바하

현행대비주와 금강지 역본 대비주의 비교 및 대조

금강지 역본은 원문 전체를 함께 보면 별로 다른 것을 느끼기가 어렵겠지만 밑줄 친 부분을 따로 떼어서 보면 무엇인가를 발견할 수가 있다. 다음은 금강지 역본 대비주에서 밑줄 친 부분과 아랫줄 현행대비주의 같은 부분을 비교하여 대조해 보았다.

나모 라트나 트라야야 나맣 아랴 바로키테 스바라야
나모 라다나 다라야야 나막 알약 바로기제 새바라야

보디 사트바야 마하 사트바야 마하카루 니카야
모지 사다바야 마하 사다바야 마하가로 니가야

사르바 반다나 체다나카라야 사르바바바 사무드람 숙샤나 카라야 사르바 뱌디 프라샤마나 카라야 사르베티튜 반드라바 비나샤나 카라야

사르바 바예슈 트라나 카라야 타스바이 나마 스크르트바
옴 살 바 바예수 다라나 가라야 다 사 명 나막 가 리 다바

이나마랴 바로키테 스바라 바시탐 니라캄타테 나마 흐르다야
이맘알야 바로기제 새바라 다 바 니라간 타 나막 하리나야

마브라타 이챠미 사르바타 사다캄 슈밤아지얌
마 발 다 이사미 살 발 타 사다남 수반아예염

사르바 부타남 바바마르가 비슈다캄
살 바 보다남 바바말 아 미수다감

타댜타 옴 아로케 아로카 마티로카 티트람테 헤하레
다냐타 옴 아로계 아로가 마지로가 지가란제 혜혜하례

아랴 바로키테 스바라

마하 보디 사트바
마하 모지 사다바

헤보디 사트바 헤마하 보디 사트바 헤비랴 보디 사트바 헤마하 카루니카

스미라 흐르다얌 히히하레 아랴 바로키테
사마라 사마라 하리나야

스바라 마헤 스바라 파라마 트라칠타 마하 카루니카

쿠루쿠루 카르맘 사다야 사다야
구로구로 갈 마 사다야 사다야

빋 댬 니헤니헤 타바람 카맘가마 비가마 싣다유예 스바라

두루두루 비얀티 마하 비얀티 다라다라 다레 인드레
도로도로 미연제 마하 미연제 다라다라 다 린 나 례

스바라 찰라찰라 비말라 마라 아 랴 바로 키테 스바라
새바라 자라자라 마라 미마라 아마라 몰제 예혜혜 로계 새바라

지나크르 스니 쟈타마쿠타 바람마 프라람 마비람마 마하 신

다비댜다라 바라바라 마하바라 발라발라 마하발라 차라차라 마하차라 크르스니 브르나 디르가 크르스니 팍샤디르가 타나 헤파드마 하스티 차라차라 디샤 찰레 스바라 크르스니 사라 파크르 타야 즈료파티타 에혜 헤마하 바라하 무카 트리프라다 하네스바라 나라 야나 바루파 바라 마르가 아리헤니라캄타 헤 마하카라 하라하라 비샤니르지 타로카샤

라가비샤비 나샤나 디사 비 샤 비
라아미사미 나사야 나베 사미사미

나샤나 무하비샤 비 나 샤 나 후루후루 마라후루
나사야 모하자라 미사미 나사야 호로호로 마라호로

마하 파드마 나바 사라사라 시리시리 수루수루
하례 바나마 나바 사라사라 시리시리 소로소로

무루무루 붇다 붇다 보다야 보다야 마 이 테 니라캄타
못쟈 못쟈 모다야 모다야 매다리야 니라간타

에혜헤 마마 스티타 쉼하무카 하사하사 뭄차뭄차 마하타타 하삼 에혜헤 팜 마하 싣다유예 스바라 사나사나 바체 사다야 사다야 빋댜 스미라 스미라 삼바가밤탐 로키타 비로키탐 로테 스바람 타타가탐 다다헤 메다르샤나

카마샤 다르샤남 프라 크라다야 마나 스바하

갈마사 날 사 남 바라 하라나야 마낙 사바하

싣다야 스바하 마하 싣다야 스바하 싣다유예 스바라야 스바하

싣다야 사바하 마하 싣다야 사바하 싣다유예 새바라야 사바하

니라캄타야 스바하 바라하 무카야 스바하

니라간타야 사바하 바라하 목카

마하다라 쉼하 무카야 스바하 싣다비댜 다라야 스바하

싱하 목카야 사바하

파드마 하스타야 스바하 하크르 스니사르파 크르댜야

바나마 하 따 야 사바하

즈례파 비타야 스바하 (마라 라쿠타 다라야 스바하)

차크라 유다야 스바하 삼카 삽다니 보다나야 스바하

자가라 욕다야 사바하 상카 섭나네 모다나야 사바하

마마스칸다

(마하라 구타 다라야 사바하) 바마사간타

비샤 스티타크르 스니지나야 스바하

니사 시 체다 가릿나 이나야 사바하

뱌그라 차마 니바 사나야 스바하

먀가라 잘마 이바 사나야 사바하

로케 스바라야 스바하 사르바 신데 스바라야 스바하

나모 바가바테 아랴 바로키테 스바라야 보디 사트바야

나모라 다나다라 야야 나막알약 바로기제 새바라야

마하 사트바야 마하카로 니카야 신댠투메 바트라 파다야

스바하

사바하

고려대장경의 가범달마 역본 대비주와 현행대비주는 이처럼 단어와 문장을 끼워 맞추면서 비교할 수가 없지만, 금강지 역본 대비주와 현행대비주는 이상과 같이 놀랍게도 너무도 닮았다. 옴' 과 '몰제' 두 단어를 제외한 현행대비주의 단어가 모두 들어 있다.

불공 역본과 가범달마 역본의 대조

불공 역본	가범달마 역본
南無喝囉怛那哆囉夜耶(一)	南無喝囉怛那哆囉夜耶(一)
南無阿唎耶(二)	南無阿唎耶(二)
婆盧羯帝爍鉢囉耶(三)	婆盧羯帝爍鉢囉耶(三)
菩提薩跢婆耶(四)	菩提薩跢婆耶(四)
摩訶薩跢婆耶(五)	摩訶薩跢婆耶(五)
摩訶迦盧尼迦耶(六)	摩訶迦盧尼迦耶(六)
唵(七)	唵(七)
薩皤囉罰曳(八)	薩皤囉罰曳(八)
數怛那怛寫(九)	數怛那怛寫(九)
南無悉吉利埵伊蒙阿唎耶(十)	南無悉吉利埵伊蒙阿唎耶(十)
婆盧吉帝室佛囉愣馱婆(十一)	婆盧吉帝室佛囉愣馱婆(十一)
南無那囉謹墀(十二)	南無那囉謹墀(十二)
醯唎摩訶皤哆沙咩 (羊鳴音十三)	醯唎摩訶皤哆沙咩 (羊鳴音十三)

薩婆阿他豆輸朋(十四)	薩婆阿他豆輸朋(十四)
阿逝孕(十五)	阿逝孕(十五)
薩婆薩哆那摩婆伽(十六)	薩婆薩哆那摩婆伽(十六)
摩罰特豆(十七)	摩罰特豆(十七)
怛姪他(十八)	怛姪他(十八)
唵阿婆盧醯(十九)	唵阿婆盧醯(十九)
盧迦帝(二十)	盧迦帝(二十)
迦羅帝(二十一)	迦羅帝(二十一)
夷醯唎(二十二)	夷醯唎(二十二)
摩訶菩提薩埵(二十三)	摩訶菩提薩埵(二十三)
薩婆薩婆(二十四)	薩婆薩婆(二十四)
摩羅摩羅(二十五)	摩羅摩羅(二十五)
摩醯摩醯唎馱孕(二十六)	摩醯摩醯唎馱孕(二十六)
俱盧俱盧羯懞(二十七)	俱盧俱盧羯懞(二十七)
度盧度盧罰闍耶帝(二十八)	度盧度盧罰闍耶帝(二十八)
摩訶罰闍耶帝(二十九)	摩訶罰闍耶帝(二十九)
陀羅陀羅(三十)	陀羅陀羅(三十)
地利尼(三十一)	地唎尼(三十一)
室佛囉耶(三十二)	室佛羅娜(三十二)
遮羅遮羅(三十三)	遮囉遮囉(三十三)
摩摩罰摩囉(三十四)	摩摩罰摩囉(三十四)
穆帝囇(三十五)	穆帝隸(三十五)
伊醯移醯(三十六)	伊醯伊醯(三十六)
室那室那(三十七)	室那室那(三十七)
阿囉嘇佛囉舍利(三十八)	阿囉嘇佛囉舍利(三十八)
罰沙罰嘇(三十九)	罰沙罰嘇(三十九)
佛羅舍耶(四十)	佛囉舍耶(四十)
呼嚧呼嚧摩囉(四十一)	呼盧呼盧摩羅(四十一)

呼嚧呼嚧醯利(四十二)	呼盧呼盧醯唎(四十二)
娑囉娑囉(四十三)	娑囉娑囉(四十三)
悉利悉利(四十四)	悉唎悉唎(四十四)
蘇嚧蘇嚧(四十五)	蘇嚧蘇嚧(四十五)
菩提夜菩提夜(四十六)	菩提夜菩提夜(四十六)
菩馱夜菩馱夜(四十七)	菩馱夜菩馱夜(四十七)
彌帝利夜(四十八)	彌帝唎夜(四十八)
那囉謹墀(四十九)	那囉謹墀(四十九)
地唎瑟尼那(五十)	他唎瑟尼那(五十)
波夜摩那(五十一)	波夜摩那(五十一)
娑婆訶(五十二)	娑婆訶(五十二)
悉陀夜(五十三)	悉陀夜(五十三)
娑婆訶(五十四)	娑婆訶(五十四)
摩訶悉陀夜(五十五)	摩訶悉陀夜(五十五)
娑婆訶(五十六)	娑婆訶(五十六)
悉陀喻藝(五十七)	悉陀喻藝(五十七)
室皤囉耶(五十八)	室皤囉夜(五十八)
娑婆訶(五十九)	娑婆訶(五十九)
那囉謹墀(六十)	那羅謹墀(六十)
娑婆訶(六十一)	娑婆訶(六十一)
摩囉那囉(六十二)	摩羅那羅(六十二)
娑婆訶(六十三)	娑婆訶(六十三)
悉囉僧阿穆佉耶(六十四)	悉囉僧阿穆佉耶(六十四)
娑婆訶(六十五)	娑婆訶(六十五)
娑婆摩訶阿悉陀夜(六十六)	娑婆摩訶阿悉陀唧(六十六)
娑婆訶(六十七)	娑婆訶(六十七)
者吉囉阿悉陀夜(六十八)	者吉囉阿悉陀夜(六十八)
娑婆訶(六十九)	娑婆訶(六十九)

波陀摩羯悉哆夜(七十)	波陀摩羯悉哆夜(七十)
娑婆訶(七十一)	娑婆訶(七十一)
那囉謹墀皤伽囉㖿(七十二)	那囉謹墀皤伽囉㖿(七十二)
娑婆訶(七十三)	娑婆訶(七十三)
摩婆利勝羯囉夜(七十四)	摩婆利勝羯囉夜(七十四)
娑婆訶(七十五)	娑婆訶(七十五)
南無喝囉怛那哆囉夜耶(七十六)	南無喝囉怛那哆囉夜耶(七十六)
南無阿唎㖿(七十七)	南無阿唎㖿(七十七)
婆嚧吉帝(七十八)	婆盧吉帝(七十八)
爍皤囉夜(七十九)	爍皤囉夜(七十九)
娑婆訶(八十)	娑婆訶(八十)
唵悉殿都	悉殿都(八十一)
曼哆囉	漫哆羅(八十二)
鉢默耶(八十一)	跋馱耶(八十三)
娑婆訶(八十二)	娑婆訶(八十四)

밑줄 친 부분의 한자는 글자가 다르지만 독음은 서로 같이 쓰이며, 불공 역본이 끝부분에 2구로 세분하였고 가범달마 역본에는 '옴唵'자가 있다.

두 역본은 역시 동일본으로 보인다.

3부
천수경과 대비주

현행대비주 해석

근래 대비주에 대해서 문자적 해석이 범람하고 있으나, 이는 신중에 신중을 기해야 할 것이다. 의미도 명확하지 않을뿐더러, 대비주에 담긴 깊은 뜻을 전혀 드러내주고 있지 못하기 때문이다.

천광왕정주여래天光王靜住如來께서 설하신 대비심주大悲心呪이자, 99억 항하사수의 부처님이 모두 설하신 대비심다라니는 단순히 언어적 분석만으로 그 뜻을 다 헤아릴 수 없다고 생각한다.

다음은 천수경에서 관세음보살님께서 천광왕정주여래로부터 대비주를 전해 받는 과정이 들어 있는 부분이다.

世尊

세존이시여!

我念過去無量億劫

제가 생각해 보니 과거 헤아릴 수 없는 무량억겁 전에

有佛出世

부처님께서 세상에 나오셨으니

名曰 千光王靜住如來

명호는 천광왕정주여래시라

彼佛世尊 憐念我故

이 부처님께서 저를 어여삐 생각하시며

及爲一切諸衆生故

다시 일체 중생을 위하여

說此廣大圓滿無礙大悲心陀羅尼

이 광대원만무애대비심다라니를 설하시고

以金色手摩我頂上作如是言

금색 손으로써 저의 이마를 만지시며 이렇게 말씀하시되

善男子汝當持此心咒

선남자야! 너는 마땅히 이 대비심주를 가지고

普爲 未來惡世 一切衆生

널리 미래 나쁜 세상에 일체중생을 위하여

作大利樂

큰 이익을 지어주라 하셨습니다.

我於是時 始住初地

제가 그때 초지에 머물러 있다가

一聞此咒故 超第八地

한 번 이 주문을 듣고는 제팔지에 올랐습니다.

我時 心歡喜故 即發誓言

제가 이때 마음으로 환희하며 곧 서원을 발하기를

若我當來堪能利益安樂一切衆生者

내가 만일 당래 세상에 능히 일체중생을 이익되고 안락하게 한다면

令我即時身生千手千眼具足

바로 내 몸에 천 개의 손과 천 개의 눈이 구족되어 지이다

發是願已

하고 서원을 세우고 나니

應時身上千手千眼悉皆具足

바로 몸에 천 개의 손과 천 개의 눈이 다 구족되었으며

十方大地六種震動

시방의 대지는 여섯 가지로 진동하며

十方千佛悉 放光明照觸 我身

시방에 계시는 모든 부처님이 동시에 내 몸과

及照十方無邊世界

시방의 끝이 없는 세계에 광명을 놓아 비추어 주셨습니다.

신묘장구대다라니의 뜻(解義)

千手千眼觀世音菩薩大悲心陀羅尼

천수천안관세음보살대비심다라니

大唐三藏不空譯대당삼장불공역

稽首觀音大悲主

관음보살 대비주에 머리 숙여 절합니다.

願力洪深相好身

그 원력이 위대하사 상호 또한 거룩하고

千臂莊嚴普護持

고뇌 속의 모든 중생 일천 팔로 거두시며

千眼光明遍觀照

일천 눈의 광명으로 온 세상을 비추시네.

真實語中宣密語

참된 말씀 가운데에 비밀한 뜻 보이시고

無爲心內起悲心

하염없는 마음속에 자비심이 넘칩니다.

速令滿足諸希求

저희들의 온갖 소원 어서 빨리 이루옵고

永使滅除諸罪業

모든 죄업 남김없이 깨끗하게 씻어지다.

龍天衆聖同慈護

하늘과 용 모든 성중 모두 함께 보살피사

百千三昧頓熏修

백천 가지 온갖 삼매 한꺼번에 깨쳐지다.

受持身是光明幢

(대비주를) 받아 지닌 저희 몸은 큰 광명의 깃발이고

受持心是神通藏

(대비주를) 받아 지닌 저희 마음 신비로운 곳간이니

洗滌塵勞願濟海

세상 티끌 씻어내고 고통바다 어서 건너

超證菩提方便門

깨달음의 방편문을 속히 얻게 하여지다.

我今稱誦誓歸依

신비로운 대비주를 읽고 외워 원하오니

所願從心悉圓滿

뜻하는 일 마음대로 원만하게 하사이다.

南無大悲觀世音

대비하신 관세음께 귀의하오며

願我速知一切法

제가 모든 법을 속히 알기를 원하옵니다.

南無大悲觀世音

대비하신 관세음께 귀의하오며

願我早得智慧眼

제가 지혜의 눈을 빨리 얻기를 원하옵니다.

南無大悲觀世音

대비하신 관세음께 귀의하오며

願我速度一切衆

제가 모든 중생을 속히 제도하고자 원하옵니다.

南無大悲觀世音

대비하신 관세음께 귀의하오며

願我早得善方便

제가 팔만사천 좋은 방편 빨리 얻기를 원하옵니다.

南無大悲觀世音

대비하신 관세음께 귀의하오며

願我速乘般若船

제가 반야의 배를 속히 타고자 원하옵니다.

南無大悲觀世音

대비하신 관세음께 귀의하오며

願我早得越苦海

제가 고통의 바다를 빨리 건너기를 원하옵니다.

南無大悲觀世音

대비하신 관세음께 귀의하오며

願我速得戒足道

제가 무명 벗는 계정혜를 속히 얻고자 원하옵니다.

南無大悲觀世音

대비하신 관세음께 귀의하오며

願我早登涅槃山

제가 고액을 여읜 열반산에 빨리 오르기를 원하옵니다.

南無大悲觀世音

대비하신 관세음께 귀의하오며

願我速會無爲舍

제가 하염없는 법의 집에 속히 들기를 원하옵니다.

南無大悲觀世音

대비하신 관세음께 귀의하오며

願我早同法性身

제가 절대 진리 법성의 몸과 빨리 같아지기를 원하옵니다.

我若向刀山 刀山自摧折

제가 만약 칼산을 향하면 칼산이 저절로 꺾어지고

我若向火湯 火湯自消滅

제가 만약 불가마를 향하면 불가마가 저절로 소멸되고

我若向地獄地獄自枯竭

제가 만약 지옥을 향하면 지옥이 저절로 사라져 없어지고

我若向餓鬼餓鬼自飽滿

제가 만약 아귀를 향하면 아귀가 저절로 배불러 만족하고

我若向脩羅惡心自調伏

제가 만약 수라를 향하면 나쁜 마음이 저절로 길들여져 순해지고

我若向畜生自得大智慧

제가 만약 축생을 향하면 스스로 큰 지혜를 얻게 되어 지이다.

發是願已 至心稱念我之名字

이렇게 원을 발한 다음 지극한 마음으로 나의 명자를 칭념하고

亦應專念我本師阿彌陀如來

다시 지성을 다하여 나의 스승 아미타불을 칭념하며

然後即當誦此陀羅尼神呪

그런 후에 이 다라니신주를 외우되

一宿誦 滿三七遍 乃至七七遍五遍

하루에 스물한 번 혹은 마흔아홉 번을 채우면

除滅身中百千萬億劫生死重罪

백천만억겁토록 나고 죽으며 지은 큰 죄가 소멸할 것입니다.

觀世音菩薩復白佛言

관세음보살이 다시 부처님께 아뢰시기를

世尊

세존이시여!

若諸人天 誦持大悲章句者 臨命終時

만약 대비신주를 지송하던 모든 중생이 목숨이 마칠 때면

十方諸佛皆來授手

시방의 모든 부처님이 오셔서 손을 잡아주시고

欲生何等佛土 隨願皆得往生

어느 부처님 계신 국토든 모두 원하는 대로 태어나게 되나이다.

復白佛言

관세음보살이 다시 부처님께 아뢰시기를

世尊

세존이시여!

若諸衆生 誦持大悲神呪

만약 대비신주를 지송하던 모든 중생 가운데

墮三惡道者

삼악도에 떨어지는 이가 있다면

我誓不成正覺

저는 절대로 정각을 이루지 않을 것이며

誦持大悲神呪者

대비심주를 지송한 이가

若不生諸佛國土

만약 모든 부처님의 국토에 태어나지 못한다면

我誓不成正覺

저는 맹세코 성불하지 않겠습니다.

誦持大悲神呪者

대비심주를 지송한 이가

若不得無量三昧辯才者

만약 무량한 삼매와 변재를 얻지 못한다면

我誓不成正覺

저는 맹세코 성불하지 않겠습니다.

誦持大悲神呪者

대비심주를 지송한 이가

於現在生中 一切所求 若不果遂者

현재 살아가는 중에 모든 구하는 바가 만약 이루어지지 않는다면

不得名爲大悲心陀羅尼也

저는 부득이 대비심다라니라고 이름하지 않겠습니다.

唯除不善除不至誠

오직 착하지 않은 이와 지성을 다하지 않는 이는 제외되옵니다.

若諸女人厭賤女身 欲得成男子者

모든 여인이 여자의 몸을 싫어해서 남자의 몸을 받기 위해

誦持大悲陀羅尼章句

대비심다라니를 지녀 외우고도

若不轉女身成男子身者

만약 남자 몸을 이루지 못하는 이가 있다면

我誓不成正覺

저는 맹세코 정각을 이루지 않겠습니다.

生少疑心者

다만 조금이라도 의심을 내는 자는

必不得果遂也

결코 이루어지지 않을 것입니다.

若諸衆生

어떤 중생이

侵損常住飮食財物

삼보의 음식이나 재물을 축내거나 훼손하면

千佛出世不通懺悔

천 부처님이 이 세상에 출현하셔도 참회되지 않지만

縱能懺悔 亦不除滅

참회와 소멸이 되지 않는 것도

今誦大悲神呪 即得除滅

이 대비신주를 외울 것 같으면 곧 소멸함을 얻을 것이며

若侵損食用常住飮食財物

삼보의 음식이나 재물을 함부로 먹거나 써서 축낸 이는

要對十方師懺謝 然始除滅

시방의 스님들께 참회하여야 비로소 죄가 소멸하니

今誦大悲陀羅尼時

이제 대비다라니를 외우면 이때

十方佛即來爲作證明

시방의 스님들께서 즉시 와서 증명하여

一切罪障悉皆消滅

모든 죄장이 다 소멸되고

一切十惡五逆謗人謗法

일체의 십악과 오역과 사람을 비방하고 법을 비방하며

破齊破戒破塔壞寺

재를 파하고 계를 파하며 탑을 파하고 절을 무너뜨리며

偷僧祇物污淨梵行

스님의 물건을 훔치고 깨끗한 범행을 더럽히는 등

如是等一切惡業重罪悉皆滅盡

이와 같은 일체 악업과 큰 죄가 다 소멸되나이다.

唯除一事 於呪生疑者

다만 한 가지 이 주문을 의심하는 자는

乃至小罪輕業亦不得滅

적은 죄와 가벼운 업도 없어지지 않는데

何況重罪

어찌 큰 죄가 녹겠습니까?

雖不即滅重罪

비록 이러한 무거운 죄들이 즉시에 사라지지는 않더라도

猶能遠作菩提之因

주문을 들은 연고로 능히 멀리 보리의 인이 지어지겠습니다.

復白佛言

다시 부처님께 사뢰시기를

世尊

세존이시여!

若諸人天誦持大悲心呪者

모든 인간과 천상에서 대비심주를 지니고 외우는 이는

得十五種善生 不受十五種惡死

15가지 좋은 일이 나며 15가지 나쁜 죽음을 하지 않을 것입니다.

其惡死者

그 나쁘게 죽지 않는다는 것은

一者 不令其人飢餓困苦死

첫째는 주리거나 곤한 괴로움으로 죽지 않고,

二者 不爲枷禁杖楚死

둘째는 죄인이 되어 결박을 당하거나 형벌로 죽지 않으며,

三者 不爲怨家讎對死

셋째는 원수 맺은 이에게 보복으로 죽지 않고,

四者 不爲軍陳相殺死

넷째는 전쟁터나 군대에서 싸움으로 죽지 않음이요,

五者 不爲虎狼惡獸殘害死

다섯째는 호랑이나 악한 짐승에게 죽지 않으며,

六者 不爲毒蛇蚖蠍所中死

여섯째는 독사나 지네, 전갈 등 독한 곤충에게 물려죽지 않으며,

七者 不爲水火焚漂死

일곱째는 물이나 불의 재앙으로 죽지 않으며,

八者 不爲毒藥所中死

여덟째는 독약에 의해서 죽지 않음이요,

九者 不爲蠱毒所害心死

아홉째는 뱃속에 있는 독충, 독물에 죽지 않으며,

十者 不爲狂亂失念死

열째는 미치거나 실성하여 죽지 않음이요,

十一者 不爲山樹崖岸墜落死

열한째는 산이나 나무, 언덕에서 떨어져 죽지 않으며,

十二者 不爲惡人厭魅死

열두째는 나쁜 사람의 저주에 홀려 죽지 않음이요,

十三者 不爲邪神惡鬼得便死

열셋째는 나쁜 귀신이나 삿된 귀신에게 죽지 않으며,

十四者 不爲惡病纏身死

열넷째는 나쁜 병에 걸려서 죽지 않음이요,

十五者 不爲非分自害死

열다섯째는 자살이나 일체 비명횡사를 당하지 않습니다.

誦持大悲神呪者

이 대비신주를 지녀 외우는 이는

不被如是十五種惡死也

이와 같은 열다섯 가지 나쁘게 죽는 일을 받지 않나이다.

得十五種善生者

열다섯 가지 좋은 일이 난다는 것은

一者 所生之處常逢善王

첫째는 나는 곳마다 착하고 어진 왕을 만나고,

二者 常生善國

둘째는 항상 좋은 나라에 태어나고,

三者 常值好時

셋째는 항상 좋은 시절을 만나고,

四者 常逢善友

넷째는 항상 좋은 벗을 만나게 되고,

五者 身根常得具足

다섯째는 몸에 모든 기관이 구족하여 건장하고,

六者 道心純熟

여섯째는 도심이 순일하게 익게 되고,

七者 不犯禁戒

일곱째는 계율을 갖추어 어기지 않고,

八者 所有眷屬 恩義和順

여덟째는 있는 권속이 항상 화순하고,

九者 資具財食 常得豐足

아홉째는 재물과 음식이 항상 풍족하고,

十者 恒得他人 恭敬扶接

열째는 항상 다른 사람에게 공경하는 대우를 받고,

十一者 所有財寶 無他劫奪

열한째는 재물을 남에게 빼기지 않으며,

十二者 意欲所求 皆悉稱遂

열두째는 뜻대로 구하는 바가 다 이루어지고,

十三者 龍天善神 恒常擁衛

열셋째는 용과 하늘과 선신이 항상 보호하며,

十四者 所生之處 見佛聞法

열넷째는 나는 곳마다 부처님 뵈옵고 법을 들으며,

十五者 所聞正法 悟甚深義

열다섯째는 불법의 깊은 이치를 깨닫게 되옵니다.

若有人誦持 大悲心 陀羅尼者

대비심다라니를 지니고 외우는 이는

得如是等 十五種善生也

이와 같은 열다섯 가지 좋은 일을 얻게 되므로

一切人天龍鬼常應誦持

일체 사람과 천상과 용과 귀신들은 항상 외우고 수행하되

勿生懈怠時

게으름을 내지 말아야 되나이다.

觀世音菩薩說是語已

관세음보살께서 이렇게 말씀하시고

於衆會前合掌正住

법회에 모인 대중 앞에 합장하고 바로 서서

於諸衆生起大悲心

모든 중생에게 크게 연민히 여기는 마음을 일으키시고

開顔含笑

얼굴에 가득 미소를 머금으시사

即說如是廣大圓滿無导大悲心大陀羅尼

곧 이와 같은 광대원만무애대비심대다라니인

神妙章句陀羅尼 卽說呪曰

신묘장구다라니를 설하시니 곧 그 주문은 이러하다.

나모 라트나 트라야야

南無 喝囉怛娜 哆囉夜耶

(此是觀世音菩薩本身。大須慈悲用心讀誦。勿高聲神性急。一)

이 구절은 관세음보살의 본신이다. 모름지기 대자대비하신 관세음보살을 생각하고 소리를 높여 송주하지 말지니라.

나마 아 랴

南無 阿唎耶

(此是如意輪菩薩本身。到此須存心。二)

이 구절은 여의륜보살의 본신의 모습이다. 정성스런 마음으로 송주하라.

바로키테 스바라야

婆盧羯帝 爍鉢囉耶

(此是持鉢觀世音菩薩本身。若欲取舍利骨。誦此存想菩薩持鉢。三)

이 구절은 바리를 들고 계신 관세음보살의 모습이다. 만약 사리나 영골이 생기기를 원하거든 관세음보살께서 바리를 들고 계신 모습을 관하면서 송주하라.

보디 사트바야

菩提 薩埵婆耶

(此是不空羂索菩薩。押大兵。四)

이 구절은 불공견색보살께서 하늘의 대병을 거느리신 모습이다.

마하 사트바야

摩訶 薩埵婆耶

(此是菩薩種子。自誦呪之本身也。五)

이 구절은 보살의 근본 마음자리를 의미하며 관세음보살께서 스스로 주문을 외우시는 모습을 나투신 진언이다.

마하 카루니카야

摩訶 迦盧尼迦耶

(此是馬鳴菩薩本身。手把鈸折羅即是。六)

이 구절은 마명보살의 본신으로 금강저를 들고 계신 모습이다

옴

唵

(此唵是諸鬼神合掌聽誦呪也。七)

이 구절은 모든 귀신들이 합장하고 지성으로 주문을 듣고 있는 것을 뜻하는 주문이다.

사르바 라바예

薩　皤 囉罰曳

(此四大天王之本身。降魔。八)

이 구절은 동방 지국천왕持國天王 남방 증장천왕增長天王 서방 광목천왕廣目天王 북방 다문천왕多聞天王의 본신으로 마구니의 항복을 받는 모습이다.

수다나다샤

數怛那怛寫

(此是四大天王部落鬼神名字也。九)

이 구절은 사대천왕이 거느린 귀신들로 동방의 건달바무리 남방의 구반다무리 서방의 용왕무리 북방의 야차무리들의 이름이다.

나모 스크르타 이맘 아랴

南無 悉吉栗埵 伊蒙阿唎耶

(此是龍樹菩薩本身。大須用心誦此勿疎失菩薩性急。十)

이 구절은 용수보살의 본신을 이름이니 모름지기 찬찬히 외우되 성급히 하여 빠뜨리거나 잘못 외우지 말라.

바루키테 시바람다바

婆盧吉帝 室佛羅㘄馱婆

(此是圓滿報身盧舍那佛。十一)

이 구절은 광대원만하고 부사의不思義한 공덕을 갖추신 원만보신의 본신이다.

나모 나라키디

南無 那囉謹墀

(此是清淨法身毘盧遮那佛本身。大須用心。十二)

이 구절은 만법계滿法界에 두루한 청정법신인 비로자나불의 본신이다.

혜리 마하 바다사메

醯唎 摩訶 皤哆沙咩

(羊鳴。此是羊頭神王。共諸天魔爲眷屬。十三)

이 구절은 양두신왕과 그 권속인 모든 천마를 이름함이다.

사르바아타 두슈븜

薩 婆阿他 豆輸朋

(此是甘露菩薩。亦是觀世音菩薩部落以爲眷屬也。十四)

이 구절은 감로왕보살(관세음보살)과 관세음보살의 근본도량인 보타락가산에 있는 모든 수행자들을 일컫는다.

아제얌

阿逝孕

(此是飛騰夜叉天王巡歷四方察其是非也。十五)

이 구절은 어디든지 날아다니면서 옳고 그른 선악을 살피고 있는 비등야차천왕이다.

사르바 부타나마바가

薩　婆 薩哆那摩婆伽

(此是婆加帝神王。其形黑大。以豹皮爲裩。手把鐵刃。十六)

이 구절은 바가제신왕의 모습을 뜻한다. 검은 모습에 장대하며, 표범가죽 같은 것으로 갑옷을 해 입고 철도를 들고 정법을 옹호하는 신장이다.

마바두두

摩罰恃豆

(此是軍吒利菩薩本身。把鐵輪并把索。而有三眼是也。十七)

이 구절은 원형 톱날처럼 생긴 쇠바퀴와 쇠 채찍을 들고 눈이 셋이나 달린 군다리보살로 화현하신 관세음보살의 또 다른 분노신이다.

타댜타

怛姪他

(此是劍語。十八)

이 구절은 검어이다.

옴 아바로카

唵 阿婆盧醯(十九)

이 구절은 보살의 종자를 뜻하며 스스로 주문을 외우는 상을 나툰 모습이다.

로카테

盧迦帝

(此是大梵天王本身也。神仙爲部落。二十)

이 구절은 대범천왕의 본신을 뜻하며 대범천 범보천 범중천 등 범천의 대중을 의미한다.

카라테

迦羅帝

(此是帝神長大黑色也。二十一)

이 구절은 몸이 장대하고 검은 빛을 한 제신의 모습을 의미하는 구절이다.

에헤르

夷醯唎

(此是三十三天。是摩醯首羅天神領天兵青色。二十二)

이 구절은 욕계육천欲界六天 가운데 둘째 하늘인 삼십삼천을 뜻하며 마헤수라천이 천병을 거느린 모습이다.

마하 보디사트바

摩訶 菩提薩　埵

(此是實心更無雜亂心。即名薩埵。二十三)

이 구절은 어지러움이 없는 진실한 아뇩다라삼보리심, 곧 보살을 뜻한다.

사르바 사르바

薩 婆薩 婆

(此是香積菩薩。押五方鬼兵以爲侍從不可思議。二十四)

이 구절은 향적보살이 모든 방위의 귀신병사들을 거느린 불가사의한 위신력을 뜻한다.

마라 마라

摩羅 摩羅

(此是菩薩相罰語即爲齊也。二十五)

이 구절은 보살이 중생제도를 위해 상과 벌을 설하시는 모습이다.

마헤마헤르다얀

摩醯摩醯唎馱孕

(同前。二十六)

보살이 중생제도를 위해 상과 벌을 설하시는 또 다른 모습이다.

쿠루쿠루 카르맘

俱盧俱盧 羯 懞

(此是空身菩薩。押天大將軍領二十萬億天兵也。二十七)

이 구절은 공신보살이 천대장군을 거느리고 이십만억의 천병을 통솔하는 모습이다.

두루두루 바자야테

度盧度盧 罰闍耶帝

(此是嚴峻菩薩。押孔雀王鑾兵也。二十八)

이 구절은 엄준보살이 공작왕과 공작병들을 통솔하고 있는 모습이다.

마하 바자야테

摩訶 罰闍耶帝

(同前。二十九)

이 구절은 엄준보살이 공작왕을 거느리고 그를 따르는 병사들을 통솔하여 정법을 수호하고 있는 또 다른 모습이다.

다라 다라

陀羅 陀羅

(此是觀世音菩薩。大丈夫身即是也。三十)

이 구절은 관세음보살이 대장부 몸을 나투신 모습을 뜻한다.

디리니

地唎尼

(此是師子王。兵驗讀誦。三十一)

이 구절은 사자왕의 군사들을 뜻하며 독송하면 반드시 증험을 보이신다.

스바라야
室佛羅娜
(此是霹靂菩薩。降伏諸魔眷屬。三十二)
이 구절은 벽력보살이 모든 마귀들을 항복받는 위신력을 보이는 주문이다.
※벽력보살께서 황금의 바퀴를 들고 계신 모습이다.

차라 차라
遮囉 遮囉
(此是摧碎菩薩本身。手把金輪。三十三)
이 구절은 최쇄보살이 금륜을 들고 계신 모습이다.

마마
摩摩
(某甲受持)
독송자 아무개가 수지함을 다짐하는 구절이다.

바마라
罰摩囉
(此是大降魔金剛本身。把金輪。三十四)

대항마금강본신으로 손에 금륜을 들고 계신 모습이다.

묵데레

穆帝

(此是諸佛合掌聽誦真言。三十五)

이 구절은 시방의 모든 부처님께서 합장을 하시고 지금 송주하고 있는 대비주를 듣고 계시는 모습이다.

에헤에헤

伊醯伊醯

(此是魔醯首羅天王。三十六)

이 구절은 하늘의 병사를 거느리고 있는 마혜수라천왕의 모습이다.

시나시나

室那室那

(同前。三十七)

이 구절은 하늘의 병사를 거느리고 있는 마혜수라천왕의 또 다른 모습이다.

아르샴 프라사리

阿囉嘇 佛囉舍利

(此是觀世音菩薩。把脾弩弓箭也。三十八)

이 구절은 방패와 활과 화살을 들고 계신 관세음보살의 모습이다.

바사바샴

罰沙罰嘇

(同前。三十九)

이 구절은 방패와 활과 화살을 들고 계신 관세음보살의 또 다른 모습이다.

프라샤야

佛囉舍耶

(此是阿彌陀佛本身。觀世音菩薩師主。四十)

이 구절은 관세음보살의 본 스승이신 아미타부처님의 모습이다.

후루후루 마라

呼盧呼盧 摩羅

(此是八部鬼神王。四十一)

이 구절은 부처님의 정법을 수호하는 팔부신왕의 모습이다.

후루후루 혜리

呼盧呼盧 醯唎

(同前。四十二)

이 구절은 부처님의 정법을 수호하는 팔부신왕의 또 다른 모습이다.

사라사라

娑囉娑囉

(此是五濁惡世也。四十三)

말세 중생들의 마음이 겁탁, 견탁, 번뇌탁, 중생탁, 명탁으로 악해진 세상의 모습이다.

시리시리

悉唎悉唎

(此是觀世音菩薩。利益一切衆生。不可思議。四十四)

이 구절은 관세음보살이 일체중생을 이익되게 하시는 불가사의한 공덕을 뜻한다.

수루수루

蘇嚧蘇嚧

(此是諸佛樹葉落□。四十五)

이 구절은 모든 부처님께서 낙엽을 떨어트리시는 듯 자연의 소리로 법문을 들려 깨우쳐주심을 뜻한다.

보디야 보디야

菩提夜 菩提夜

(此是觀世音菩薩。結緣衆生。四十六)

이 구절은 관세음보살이 고해의 중생들과 인연을 맺는 방편 지으심을 뜻한다.

보다야 보다야

菩馱夜 菩馱夜

(此是阿難本身也。四十七)

이 구절은 아난존자의 본신의 모습이다.

마이트리야

彌帝唎夜

(此是大車菩薩。手把金刀。四十八)

이 구절은 황금 칼을 손에 쥔 대거보살의 모습이다.

나라킨디

那囉謹墀

(此是龍樹菩薩手把金刀之處。四十九)

이 구절 역시 용수보살께서 황금의 칼을 들고 마구니를 물리치시는 모습이다.

다르시니나

他唎瑟尼那

(此是寶幢菩薩手持鐵叉是也。五十)

이 구절은 보당보살이 손에 철퇴를 들고 계시는 무서운 모습이다.

파야마나

波夜摩那

(此是寶金光幢菩薩鉢折羅杵。五十一)

이 구절은 보금광당보살께서 금강저를 들고 계시는 모습이다.

스바하

娑婆訶(去聲。五十二)

길상 있을 지이다.(뜻대로 될 지이다.)

마하 싣다야

摩訶 悉陀夜

(此是放光菩薩手把赤幡。五十五)

이 구절은 붉은 당을 손에 든 방광보살의 모습이다.

스바하

娑婆訶(去聲。五十六)

길상 있을 지이다.(뜻대로 될 지이다.)

싣다유예

悉陀喩藝

(此諸天菩薩盡悉以集。手把金刀。五十七)

이 구절은 모든 하늘의 보살들이 손에 황금의 칼을 들고 계신 모습이다.

스바라야

室皤囉夜

(是安息香也。五十八)

심신을 편안하게 하는 안식향이 향로에서 타고 있는 광경이다.

스바하

娑婆訶(去聲。五十九)

길상 있을 지이다.(뜻대로 될 지이다.)

나라킨디

那羅謹墀

(山海惠菩薩本身。手把金劍。六十)

이 구절은 산혜해보살의 본신으로 양날의 황금 칼을 들고 계신 모습이다.

스바하

娑婆訶(去聲。六十一)

길상 있을 지이다.(뜻대로 될 지이다.)

마라나라

摩羅那羅

(此是寶即王菩薩手把金斧。六十二)

이 구절은 보인왕보살이 손에 금도끼를 들고 모든 악을 멸해 없애는 것을 뜻한다.

스바하

娑婆訶(去聲。六十三)

길상 있을 지이다.(뜻대로 될 지이다.)

시라싱하 무카야

悉囉僧阿 穆佉耶

(此是藥王菩薩本身。行療諸病。六十四)

이 구절은 약왕보살의 본신을 뜻한다. 중생의 모든 병고와 액란을 없애 주시는 모습이다.

스바하

娑婆訶(去聲。六十五)

길상 있을 지이다.(뜻대로 될 지이다.)

스바마하 아싣다야

娑婆摩訶 阿悉陀啷

(此是藥上菩薩本身。行療諸病。六十六)

이 구절은 약상보살의 본신을 뜻한다. 중생의 모든 병을 고쳐 주시는 모습이다.

스바하

娑婆訶(去聲。六十七)

길상 있을 지이다.(뜻대로 될 지이다.)

차크라 아싣다야　　　　　　　스바하

者吉囉 阿悉陀夜(同聲。六十八) 娑婆訶(去聲。六十九)

파드마 카스타야　　　　　　　스바하

波陀摩 羯悉哆夜(同聲。七十) 娑婆訶(去聲。七十一)

나라킨디 바가라야　　　　　스바하

那囉謹墀 皤伽囉啷(七十二) 娑婆訶(七十三)

마바리 샹카라야　　　　　스바하

摩婆利 勝羯囉夜(七十四) 娑婆訶(七十五)

나모　라트나 트라야야

南無喝囉怛那 哆囉夜耶(七十六)

나마 아　랴　　　　　바로키테

南無 阿唎啷(七十七) 婆盧吉帝(七十八)

스바라야　　　　스바하

爍皤囉夜(七十九) 娑婆訶(八十)

옴 시담투　　　　만트라

唵 悉殿都(八十一) 漫哆羅(八十二)

파다야　　　　스바하

跛馱耶(八十三) 娑婆訶(八十四)

가범달마 역본 대비주와 청경대비주의 대조

이번 장에서는 천수경의 원전인 가범달마 및 불공 역본의 대비주와 청경대비주를 각 구절별로 대조해 보도록 하겠다. (본문 중 윗줄은 불공 역본의 청경대비주이고, 아랫줄은 가범달마본이다.)

大慈大悲救苦觀世音自在王菩薩 廣大圓滿無礙自在青頸大悲心陀羅尼

大廣智不空譯

南無歸命頂禮南方海上蒲陀落淨土。正法教主釋迦牟尼如來。觀音本師無量壽如來。觀音本正法明如來。南無千手千眼觀世音菩薩廣大圓滿無礙大悲心大陀羅尼。救苦陀羅尼。延壽陀羅尼。加滅惡趣

陀羅尼。破業障陀羅尼滿願陀羅尼。隨心自在陀羅尼。速超上地陀羅尼。一聞神咒超第八地陀羅尼。四百四病一時消滅陀羅尼

南無 喝囉怛那 哆囉夜耶(一)

南無 喝羅怛那 哆羅夜耶(一)

南無 阿唎耶(二)

南無 阿唎耶(二)

婆盧羯帝 爍鉢囉耶(三)

婆盧羯帝 爍鉢囉耶(三)

菩提 薩哆婆耶(四)

菩提 薩跢婆耶(四)

摩訶 薩跢婆耶(五)

摩訶 薩埵婆耶(五)

摩訶 迦嚧眤迦耶(六)

摩訶 迦盧尼迦耶(六)

唵(七)

唵(七)

薩皤 囉罰曳(八)

薩皤 囉罰曳(八)

數怛那怛寫(九)

數怛那怛寫(九)

南無 悉吉嘌埵 伊蒙阿唎耶(十)

南無 悉吉利埵 伊蒙阿唎哪(十)

婆嚧吉帝 室佛 楞馱婆(十一)

婆盧吉帝 室佛囉㘄馱婆(十一)

南無 那囉謹墀(十二)

南無 那囉謹墀(十二)

醯利 摩 皤哆沙咩(十三)

醯唎 摩訶皤哆沙咩(羊鳴音十三)

薩婆 阿陀 頭輸朋(十四)

薩婆 阿他 豆輸朋(十四)

阿遊孕(十五)

阿逝孕(十五)

薩婆 菩哆那 摩縛伽(十六)

薩婆 薩哆那 摩婆伽(十六)

摩罰特豆(十七)

摩罰特豆(十七)

怛姪他(十八)

怛姪他(十八)

唵 阿波盧醯　　　盧迦帝(十九)

唵 阿婆盧醯(十九) 盧迦帝(二十)

迦羅帝(二十)

迦羅帝(二十一)

夷醯唎(二十一)

夷醯唎(二十二)

摩訶 菩　薩埵(二十二)

摩訶 菩提薩埵(二十三)

薩婆 薩婆(二十三)

薩婆 薩婆(二十四)

摩羅 摩羅　　　　摩摩　醯唎馱孕(二十四)

摩羅 摩羅(二十五) 摩醯 摩 醯唎馱孕(二十六)

俱嚧 俱嚧 羯蒙(二十五)

俱盧 俱盧 羯懞(二十七)

度嚧 度嚧 罰闍耶帝(二十六)

度盧 度盧 罰闍耶帝(二十八)

摩訶 罰闍耶帝(二十七)

摩訶 罰闍耶帝(二十九)

陀羅 陀羅(二十八)

陀羅 陀羅(三十)

地利尼(二十九)

地利尼(三十一)

　　囉耶(三十)

室佛囉耶(三十二)

遮囉 遮囉(三十一)

遮羅 遮羅(三十三)

摩摩罰摩羅(三十二)

摩摩罰摩囉(三十四)

穆帝儷(三十三)

穆帝囇(三十五)

伊醯 移醯(三十四)

伊醯 移醯(三十六)

室那 室那(三十五)

室那 室那(三十七)

阿羅參 佛羅舍利(三十六)

阿囉嘇 佛囉舍利(三十八)

罰沙罰參 佛羅舍耶(三十七)

罰沙罰嘇(三十九) 佛羅舍耶(四十)

呼嚧 呼嚧 麼囉(三十八)

呼嚧 呼嚧 摩囉(四十一)

呼嚧 醯唎(三十九)

呼嚧 呼嚧醯利(四十二)

沙囉 沙囉(四十)

娑囉 娑囉(四十三)

悉唎 悉唎(四十一) 蘇嚧 蘇嚧(四十二)

悉利 悉利(四十四) 蘇嚧 蘇嚧(四十五)

菩提唧 菩提唧(四十三)

菩提夜 菩提夜(四十六)

菩提耶 菩提耶(四十四)

菩馱夜 菩馱夜(四十七)

彌帝唎耶(四十五)

彌帝利夜(四十八)

那囉謹墀(四十六)

那囉謹墀(四十九)

他唎瑟尼那 波夜摩那(四十七)

地唎瑟尼那(五十) 波夜摩那(五十一)

娑婆訶(四十八)

娑婆訶(五十二)

悉陀夜(四十九)

悉陀夜(五十三)

娑婆訶(五十)

娑婆訶(五十四)

摩訶 悉陀夜 娑婆訶

摩訶 悉陀夜(五十五) 娑婆訶(五十六)

悉陀喩藝(五十二)

悉陀喩藝(五十七)

室皤伽羅耶 娑婆訶(五十三)

室皤囉耶(五十八) 娑婆訶(五十九)

那囉謹墀(五十五) 娑婆訶(五十六)

那囉謹墀(六十) 娑婆訶(六十一)

摩囉那囉(五十七) 娑婆訶(五十八)

摩囉那囉(六十二) 娑婆訶(六十三)

悉囉僧阿 穆佉耶(五十九)

悉囉僧阿 穆佉耶(六十四)

娑婆訶(六十)

娑婆訶(六十五)

婆　 摩訶 悉陀夜(六十一) 娑婆訶(六十二)

娑婆 摩訶 阿悉陀夜(六十六) 娑婆訶(六十七)

者吉囉 阿悉陀夜(六十三) 娑婆訶(六十四)

者吉囉 阿悉陀夜(六十八) 娑婆訶(六十九)

婆摩　 羯悉哆夜(六十五) 娑婆訶(六十六)

波陀摩 羯悉哆夜(七十) 娑婆訶(七十一)

那羅謹墀 皤迦羅夜(六十七) 娑婆訶(六十八)

那囉謹墀 皤伽囉㖿(七十二) 娑婆訶(七十三)

摩婆唎 勝羯　夜(六十九) 娑婆訶(七十)

摩婆利 勝羯囉夜(七十四) 娑婆訶(七十五)

南無 喝囉怛那 哆囉夜耶(七十一)

南無 喝囉怛那 多囉夜耶(七十六)

南無 阿唎耶(七十二) 婆嚧吉帝(七十三)

南無 阿唎㖿(七十七) 婆嚧吉帝(七十八)

爍皤囉耶(七十四) 菩提 娑婆呵

爍皤囉夜(七十九)　　　娑婆訶(八十)

(청경대비주 무재 無載)

唵 悉殿都 曼哆囉 鉢默耶(八十一) 娑婆訶(八十二)

청경대비주가 후렴 부분이 없는 것을 빼고 한자 자체만으로는 서로 다른 본으로 볼 수 없고 옮기는 과정에서 오탈자誤脫字가 생겼다고 보여진다.

청경대비주는 한역과 범자, 그리고 다라니 각 구절의 뜻이 함께 기록되어 있어서 불공 역본이나 가범달마 역본의 대비주를 온전히 번역할 수 있는 저본으로 손색이 없다.

현행대비주의 문제점

현행대비주가 경전의 내용과는 부합되지 않는다는 점은 여러 가지로 확인이 되었다.

천수경이라고 하면 응당 가범달마 역본을 천수경의 근본경전으로 알고 논한다.

천수경은 석가모니 부처님께서 보타락가산 관세음보살 궁전에서 많은 청법 대중과 설법 주제와 연유, 그리고 대비주를 수지 독송함으로써 받게 되는 열다섯 가지 좋은 일이 일어남과 열다섯 가지의 나쁜 죽음을 받지 않음[誦持大悲心咒者 得十五種善生。不受十五種惡死也]과 수지 독송하는 이의 무량공덕과 복덕의 지음, 또한 수지 독송하는 이를 관세음보살께서 관하시고 권속 제신들에게 명하시어 조금의 위해도 받지 않도록 지켜주라고 말씀을 하신 것까지 완전한 문장구성을 갖춘 경전이다.

그리고 대비주 자체의 해의에 대한 경전은 불공 역본 천수경을 마땅히 따라야 한다.

앞의 대비주 한역본에 대비주 각 구의 해의가 명기되어 높은 근기의 수행자가 관법염송수행觀法念誦修行을 할 수 있도록 되어 있다.

이처럼 철저하게 이루어진 경전을 도외시하고 임의적인 풀이를 하게 되면 대비주의 진의가 왜곡되고 특히 초심자들에게 관세음보살의 위신력威信力에 대한 신뢰를 실추시키게 된다.

아무리 근기가 높은 수행자라 할지라도 만약 잘못 풀이된 대비주로 관법 염송수행을 한다면 마장에서 헤어나지 못하거나 소기의 목적 달성이 쉽지 않으리라고 본다.

전해오는 이야기에, 누구는 대비주를 10만송을 하고 깨달음을 얻었다, 누구는 무슨 소원을 성취하였다, 누구는 영가천도를 했다고 하는데, 필자는 그것이 대비주 염송기도의 효과라기보다는 그만큼 관세음보살에 대한 지극성심에 감응한 관세음보살님의 가피력에 의한 결과라고 생각한다.

그러므로 그 정성에 부처님이 천수경에서 설하신 대로 정본대비주의 수지 독송에 따른 가피력이 합쳐진다면 그 원만성취도는 아주 높을 것이라고 생각한다.

현재 천수경을 강론할 때에는 가범달마 역본 천수경을 말하면서 핵심인 대비주는 가범달마 역본 천수경 속의 정본대비주가 아닌 임의로 조합된 대비주를 사용하는 불합리가 계속 이어지고 있다.

천수경

의식독송용 천수경

현재 우리가 독송하고 있는 천수경은 우리나라에서 성립된 특유의 경전으로, 대자대비관세음보살의 대비주를 중심으로 밀교부, 법화부, 화엄부, 반야부, 보적부 등의 많은 경전에서 가장 중요한 부분만을 발췌하여 의식문으로 편집한 것으로 생각된다.

즉 불교의 정수를 수록하면서 우리나라 불자들의 정서에 부합되게 구성함으로써 일상생활 속에서 불교의 교리를 배우고 익히며 널리 포교하여 대중화를 이룰 수 있게 하였다.

이렇게 해서 불자들은 천수경을 각종 의식이나 예불, 불공, 초하루법회 또는 각 재일과 각종 기도를 할 때 빠짐없이 송주하게 된 것이다.

팔만대장경의 천수경

보통 천수경이라고 하면 천수천안관세음보살千手千眼觀世音菩薩과 관련된 '신앙의궤信仰儀軌 및 다라니陀羅尼'를 담고 있는 경전을 모두 일컫는다고 볼 수 있다.

일본의 신수장경에는 천수경류로써 18종이 있으나, 천수경이라고 하면 우리나라는 물론 일본이나 중국에서도 가범달마伽梵達磨 한역漢譯의 『천수천안관세음보살광대원만무애대비심다라니경千手千眼觀世音菩薩廣大圓滿無碍大悲心陀羅尼經』 지칭하고 있다.

그런데 신수장경의 가범달마 한역본 천수경은 고려대장경에 있는 가범달마 한역본 천수경과 많은 부분이 다르다. 한자 자체가 다른 경우도 있고, 비슷한 문구이나 글자가 첨삭이 되어 있기도 하며, 아예 후반부는 순서가 뒤바뀌어 있다. 신수장경에는 명본明本을 옮겼다고 되어 있다.

일반적으로 일본 신수장경은 고려대장경을 저본으로 하였다고 하는데, 자세히 살펴보면 다른 부분이 많다. 그 이유를 필자 나름대로 대략 다섯 가지 정도로 생각해 보았다.

첫째, 고려대장경본에 쓰인 잘 사용하지 않는 한자漢字와 속자俗字, 약자略字를 후대의 신수장경에서는 상용하는 한자로 바꾸었다.

둘째, 고려대장경본의 오탈자誤脫字를 교정校訂하고 수정하였다.

셋째, 문장의 오류誤謬를 판단하여 첨삭添削하였다.

넷째, 문단이 앞뒤가 바꾸어졌다고 판단되는 곳은 자리를 옮겼다.

다섯째, 일본이라는 지역적·정서적인 특성을 고려하였다.

내용은 차지하더라도 신수대장경에는 희한하게도 그 저본이 되는 고려대장경의 가범달마 역본『천수경』이 빠져 있다. 그뿐만 아니라 고려대장경에 가범달마 역본 천수경이 있다는 부기附記조차도 없다. 일반적으로 신수장경은 채택한 판본 이외의 한역이본漢譯異本이 있음을 상세히 부기하고 있으며, 범본梵本은 이본異本의 내용까지 상세하게 부기해 놓았음은 물론 영문英文까지 기록하고 있다.

고려대장경의 가범달마 한역본 천수경을 자세히 살펴보면 몇몇 오탈자들을 볼 수 있다.

사실 필자로서는 쉽게 알기 어려운 한자도 있으며, 문단 전체의 순서가 맞지 않다고 느껴지는 곳도 있다.

또한 고려대장경을 인터넷으로 찾아보면 해인사 장경각藏經閣의 경판經板 필체가 아닌 해서체楷書體로 근래에 새로 조성한 그림파일 경판을 볼 수 있는데, 이유는 알 수 없지만 이 경판에서도 장경각 경판과는 다른 오자誤字를 발견할 수 있다.

필자만의 사견일 수 있으나, 천수경의 원본을 찾아 대조하는 과정에서 느낀 아쉬운 점들이 있다.

첫째, 중국이나 일본의 대장경은 쉽게 찾아 활용을 할 수 있지만 정작 우리나라에는 인터넷상의 문서화된 한문대장경漢文大藏經을 쉽게 찾을 수 없다는 점이다.

둘째, 최근에 번역 발간된 한글대장경이 순수한 고려대장경을 번역한 것이 아니라 신수장경본의 내용도 다소 섞여 있다는 점이다.

셋째, 일본판 대장경, 즉 신수대장경이 고려대장경을 옮겼노라 하면서도 그 내용을 보면 왜곡되었음을 알 수 있는데, 우리나라에서는 왜 일본대장경으로 왜곡된 『대정신수대장경』을 법보시용으로 사찰에다 봉안하느냐는 점이다.

특히 관세음보살님이 계시는 궁전이 있다는 '보타락'산을 '보타락가'산으로 부르고 있는데 이는 일본식 발음이다. 고려대장경본에는 엄연히 '보타락산補陁落山'으로 되어 있으나 명본明本을 옮겼다는 일본 신수대장경에는 '보타락가산補陀落迦山'이라고 되어 있다. 티베트에 있는 최고성전의 명칭도 '포탈라'궁이지 '포탈락가'궁이 아니다. 하지만 국내의 천수경 한글 번역본을 보면 어김없이 '보타락가'로 되어 있는 것이 현실이다.

이따금 사찰의 서재나 불교 종단에서 설립한 대학교의 도서관에 보면 신수대장경이 어김없이 소장되어 있는데, 다수가 우리나라에서 만든 영인본 또는 복사본이며 맨 끝장에 '아무개 영가의 사십구재의 회향으로 극락왕생을 기원하면서 법보시로 봉안한다.'라는 문구가 인쇄되어 있다.

불교적 가치와 국가적 위신 차원에서 보더라도 당연히 고려대장경이 우선시되어야 한다.

다음 장에는 해인사 장경각에 있는 고려대장경의 가범달마 한역본 천수경인 『불설천수천안관세음보살광대원만무애대비심다라니경佛說千手千眼觀世音菩薩廣大圓滿無㝵大悲心陀羅尼經』을 그대로 옮겨서 한글로 번역하였으며, 다소 미흡하다고 여겨지는 신묘장구대다라니神妙章句大陀羅尼의 한자漢字는 신수장경의 가범달마 역본, 불공 역본, 범본을 비교 분석하여 확실성이 가장 높은 것으로 교정을 하였고, 한글 번역본은 기존의 신수장경 가범달마 한역본, 불공 한역본, 불공 역 청경대비주 범본, 영문본, 그리고 중국에 유포되고 있는 대비주를 참고하였다.

고려대장경 천수경 원문과 한글 천수경

佛說千手千眼觀世音菩薩廣大圓滿無碍大悲心陀羅尼經
불설천수천안관세음보살광대원만무애대비심다라니경

唐西天竺三藏 伽梵達磨譯

당서천축삼장 가범달마역

如是我聞 一時 釋迦牟尼佛

이와 같이 내가 듣사오니 한때에 석가모니 부처님께서

在補陀落山觀世音宮殿

보타락산에 있는 관세음보살 궁전에

寶莊嚴道場中 坐寶師子之座

보배로 장엄된 도량 가운데 계시사 보배사자 자리에 앉으셨다.

其座純以 無量雜摩尼寶 而用莊嚴

그 자리는 완전하고 수없이 많은 여러 가지 마니 보배로 장엄되었고

百寶幢旛 周匝懸列

백 가지 보배 당번으로 겹겹이 두루 진열되었다.

尒時 世尊 於彼座上

이때에 세존께서 저 사자자리 위에서

將欲演說 總持陀羅尼故

장차 총지다라니를 연설하고자 하는 까닭에

與無央數衆 菩薩摩訶薩 俱

무량무수한 보살마하살과 함께 계셨으니

其名曰 總持王菩薩 寶王菩薩 藥王菩薩 藥上菩薩

그 이름은 총지왕보살 보왕보살 약왕보살 약상보살

觀世音菩薩 大勢至菩薩 華嚴菩薩 大莊嚴菩薩

관세음보살 대세지보살 화엄보살 대장엄보살

寶藏菩薩 德藏菩薩 金剛藏菩薩 虛空藏菩薩

보장보살 덕장보살 금강장보살 허공장보살

彌勒菩薩 普賢菩薩 文殊師利菩薩

미륵보살 보현보살 문수사리보살 등

如是等 菩薩摩訶薩 皆是 灌頂大法王子

이와 같은 큰 보살은 다 관정대법왕자라

又 與無量无數 大聲聞僧 皆是 阿羅漢位

또 무량무수한 대성문승과 함께 계셨으니 다 큰 아라한이라

皆十地 優樓頻螺迦葉 而爲上首

아라한의 최고 우두머리인 우루빈나가섭이 상수가 되었으며

又與 無量 梵摩羅天 善吒梵摩 而爲上首

또 무량한 범마라천과 함께 계셨으니 선탁범마가 상수가 되었으며,

又 與無量欲界 諸天天子

또 욕계 모든 하늘의 천자와 함께 계셨으니

俱瞿婆伽天子 而爲上首

구파가 천자가 상수가 되었으며,

又 與無量護世 四天王 俱 提頭賴吒 而爲上首

또 한량없는 호세 사천왕과 함께 계셨으니 제두뇌타가 상수가 되었으며,

又 與無量 天龍 夜叉 乾闥婆 阿修羅 迦樓羅 緊那羅

또 무량한 천룡 야차 건달바 아수라 가루라 긴나라

摩睺羅伽 人非人等 俱 天德大龍王 而爲上首

마후라가 인비인 등과 함께 계셨으니 천덕대용왕이 상수가 되었으며,

又與 無量 欲界諸天女 俱 童目天女 而爲上首

또 무량한 욕계 모든 천녀와 함께 계셨으니 동목천녀가 상수가 되었으며

又 與無量 虛空神 江神 海神 泉源神 河沼神

또 무량한 허공신 강신 해신 천원신 하소신

藥草神 樹林神 舍宅神 水神 火神 地神 風神

약초신 수림신 사택신 수신 화신 지신 풍신

土神 山神 石神 宮殿等神 皆來集會

토신 산신 석신 궁전등신 등이 모두 함께 이 법회에 모였다.

尒時 觀世音菩薩 於彼 大會之中

이때 관세음보살께서 이 큰 법회 중에 계시사

密放神通 卽於頂髻華冠中 放大光明

정계화관 가운데에서 밀밀히 신통한 대광명을 놓으시니

其光明照曜 十方刹土 及此三千大千世界

그 광명이 시방의 모든 국토와 삼천대천세계에 비추어

皆作金色 天宮 龍宮 諸仙神宮 皆悉震動

다 금색이 되었으며 천궁과 용궁과 모든 선신궁이 다 진동하고

大海 江河 鐵圍山 須弥山 土山 黑山

대해와 강과 하천과 철위산과 수미산과 토산과 흑산

十大寶山 皆悉大動

열 개의 큰 보배산이 다 크게 진동하며

日月 珠火 星宿之光 掩然不現

일월 주화 성수의 빛을 가려 모두 다 나타나지 못하였다.

於是 總持王菩薩

이때에 총지왕보살이

見此希有之相怪未曾有

이 희유한 모양과 일찍이 없었던 일이라

即從坐起 整理衣服 叉手合掌

자리에서 일어나 의복을 단정히 하고 합장하며

以偈問佛

부처님께 여쭙기를

如此神通之相是誰所放

"이와 같은 신통한 모양을 누가 놓으시니까?"

以偈問曰

하고 게송으로 물으시되

誰於今日成正覺

"누가 오늘 위없는 깨달음을 이루어서

普放如是大光明

널리 이러한 큰 광명을 놓았습니까?

十方刹土皆金色

시방의 모든 국토는 다 금색이며

三千世界亦復然

삼천대천세계도 또한 그러합니다.

誰於今日得自在

누가 오늘 자재함을 얻어서

演放希有大神力

널리 이런 큰 신통력을 놓았습니까?

無邊佛國皆震動

끝이 없는 부처님 국토도 다 진동하고

龍神宮殿悉不安

용궁과 신궁도 다 불안합니다.

今此大衆咸有疑

지금의 이 대중은 다 의심을 내었으나

不測因緣是誰力

누구의 힘인지 헤아리지 못하오니

爲佛菩薩大聲聞

부처님께서는 보살과 대성문과

爲梵魔天諸釋等

범왕과 마왕과 모든 하늘을 위하시어

唯願世尊大慈悲

오직 세존께서는 대자비를 베푸시어

說此神通所由以

이 신통의 까닭을 말씀해 주소서."

尒時 世尊讚 總持王菩薩言

세존께서 총지왕보살을 칭찬하시며 말씀하시기를

善哉善哉汝以大悲爲諸衆生

"착하고 착하도다. 너는 대비심으로 모든 중생과

及未來衆生 問如此事 諦聽諦聽

미래의 중생을 위하여 이런 일을 물었으니 잘 들어라.

吾今爲汝說此因緣

내가 이제 너를 위하여 이 인연을 말해 주리라.

善男子汝今當知

선남자야! 너희들은 마땅히 알아야 될지니라.

今此會中 有一菩薩大士 名曰觀世音自在

지금 이 법회 가운데 한 보살마하살이 있으니 이름은 관세음자재이고

從無量無數劫來 成就大慈大悲

능히 헤아릴 수 없는 옛적부터 대자대비를 성취해서

善能修集 無量陀羅尼門

무량한 다라니문을 닦았으며

爲欲安樂 諸衆生故

모든 중생을 안락케 하고자 하는 연고로

密放如是 大神通力

밀밀히 이와 같은 큰 신통력을 놓았느니라."

佛說是語已

부처님께서 이렇게 말씀을 하시고 마치시니

尒時 觀世音菩薩 從坐而起

이때 관세음보살께서 자리에서 일어나

嚴整衣冠 向佛合掌 白言

의관을 단정히 하시고 부처님을 향하여 합장하고 사뢰기를

世尊

"세존이시여!

我有 大悲心陀羅尼呪 今當欲說

저에게 대비심다라니주가 있어 지금 선설하고자 합니다.

爲諸衆生 得安樂故

이는 모든 중생들을 안락케 하고자 하는 연고며

除一切病故

일체 모든 병을 없애기 위한 연고이며

得壽命故

수명을 얻게 하기 위한 연고이며

得富饒故

부귀와 풍요로움을 얻게 하기 위한 연고이며

滅除一切惡業重罪故

일체 나쁜 업과 큰 죄를 멸해주기 위한 연고이며

離障難故

모든 장애와 어려움을 여의기 위한 연고이며

增長一切白法諸功德故

일체 모든 법과 모든 공덕을 기르기 위한 연고이며

成就一切諸善種故

일체 모든 착한 일을 성취하기 위한 연고이며

遠離一切諸怖畏故

일체 모든 두려움을 멀리 여의기 위한 연고이며

速能滿足一切諸希求願故

속히 일체 바라는 원을 만족하게 되기 위한 연고이오니

唯願世尊

오직 원하옵건대 세존께서는

慈哀聽許

자비로써 중생을 불쌍히 여기사 허락하여 주시옵소서."

佛言

부처님께서 말씀하시기를

善男子 汝大慈大悲

"선남자야! 너의 크고 큰 자비심으로

安樂衆生 欲說神呪

중생을 안락케 하기 위하여 신주를 설하고자 하나니

今正是時 宜應速說

지금 바로 그때이니 응당 속히 선설할지니라.

如來隨喜 諸佛亦然

여래께서 너의 선설함을 기뻐하니 모든 부처님도 또한 그러하시리라."

觀世音菩薩 重白佛言

관세음보살께서 거듭 부처님께 사뢰시기를

世尊

"세존이시여!

我念過去 無量億劫前

제가 생각해보니 과거 헤아릴 수 없는 무량억겁 전에

有佛出世

부처님께서 세상에 나오셨으니

号曰 千光王靜住如來 應正等覺 明行圓滿

명호는 '천광왕정주여래 · 응정등각 · 명행원만'이셨습니다.

彼佛世尊 憐念我故 及爲一切衆生故

이 부처님 세존께서 저를 어여삐 생각하시고 다시 일체 중생을 위하여

說此廣大圓滿無导大悲心陀羅尼

이 '광대원만무애대비심다라니'를 설하시고

以金色手 摩我頂上 作如是言

금색 손으로써 저의 이마를 만지시며 이렇게 말씀하시기를

善男子 汝當持此 大悲心呪

'선남자야! 너는 마땅히 이 대비심주를 가지고

普爲未來 惡世垢重 一切衆生

널리 미래 나쁜 세상에 일체중생을 위하여

作大利益

큰 이익을 지어주라' 하셨습니다.

我於是時 始住初地

제가 그때 초지에 머물러 있다가

一聞此呪故 超第八地

한 번 이 주문을 듣고는 제팔지에 올랐습니다.

我時心歡喜故即發誓言

제가 이때 마음으로 환희하며 곧 서원을 발하기를

若我當來堪能利益安樂一切衆生者

'내가 만일 당래 세상에 능히 일체 중생을 이익 되고 안락하게 한다면

令我即時身生千手千眼具足

바로 내 몸에 천 개의 손과 천 개의 눈이 구족되어 지이다'

發是願已

하고 서원을 세우고 나니

應時身上 千手千眼 悉皆具足

바로 몸에 천 개의 손과 천 개의 눈이 다 구족되었으며

十方大地 六種震動

시방의 대지는 여섯 가지로 진동하며

十方諸佛 悉放光明 照觸我身

시방에 계시는 모든 부처님이 동시에 내 몸과

及照十方 無邊世界

시방의 끝이 없는 세계에 광명을 놓아 비추어 주셨습니다.

從是已後

이로부터

復於 無量佛所 無量會中

다시 수없이 많은 부처님 계시는 곳과 무량한 법회 중에

重更得聞 親承受持 此陀羅尼法

거듭 이 다라니법을 얻어 듣고 받아 가지고

復生歡喜 踊躍無量

다시 한없이 크게 뛸 듯이 환희하였더니

便得超越 無數億劫 微細生死

문득 무수억겁토록 나고 죽으며 지은 업을 소멸하였습니다.

從是已來 常所誦持

이로부터 항상 이 주문을 지송하여

未曾廢忘

조금도 폐하거나 잊어버리지 아니했으며

由持此呪力故

이 주문을 항상 지니고 외운 힘으로써

所生之處 恒在佛前 蓮花化生

나는 곳마다 항상 부처님 곁에서 연꽃에 화생하였으며

不受胎藏之身

태장의 몸을 받지 않았습니다.

若有 比丘 比丘尼 優婆塞 優婆夷 童男 童女

만일 비구 비구니 우바새 우바이 동남 동녀가

欲誦持者

이 주문을 지니고 외우려면

於諸衆生起慈悲心

모든 중생에게 자비심을 일으키고

先當從我發如是願

저를 향해 먼저 이러한 원을 발해야 하나이다.

南無大悲觀世音

대비하신 관세음께 귀의하오며

願我速知一切法

제가 모든 법을 속히 알기를 원하옵니다.

南無大悲觀世音

대비하신 관세음께 귀의하오며

願我早得智慧眼

제가 지혜의 눈을 빨리 얻기를 원하옵니다.

南無大悲觀世音

대비하신 관세음께 귀의하오며

願我速度一切衆

제가 모든 중생을 속히 제도하고자 원하옵니다.

南無大悲觀世音

대비하신 관세음께 귀의하오며

願我早得善方便

제가 팔만사천 좋은 방편 빨리 얻기를 원하옵니다.

南無大悲觀世音

대비하신 관세음께 귀의하오며

願我速乘般若船

제가 반야의 배를 속히 타고자 원하옵니다.

南無大悲觀世音

대비하신 관세음께 귀의하오며

願我早得越苦海

제가 고통의 바다를 빨리 건너기를 원하옵니다.

南無大悲觀世音

대비하신 관세음께 귀의하오며

願我速得戒足道

제가 무명 벗는 계정혜를 속히 얻고자 원하옵니다.

南無大悲觀世音

대비하신 관세음께 귀의하오며

願我早登涅槃山

제가 고액을 여읜 열반산에 빨리 오르기를 원하옵니다.

南無大悲觀世音

대비하신 관세음께 귀의하오며

願我速會無爲舍

제가 하염없는 법의 집에 속히 들기를 원하옵니다.

南無大悲觀世音

대비하신 관세음께 귀의하오며

願我早同法性身

제가 절대 진리 법성의 몸과 빨리 같아지기를 원하옵니다.

我若向刀山 刀山自摧折

제가 만약 칼산을 향하면 칼산이 저절로 꺾어지고

我若向火湯 火湯自消滅

제가 만약 불가마를 향하면 불가마가 저절로 소멸되고

我若向地獄 地獄自枯竭

제가 만약 지옥을 향하면 지옥이 저절로 사라져 없어지고

我若向餓鬼 餓鬼自飽滿

제가 만약 아귀를 향하면 아귀가 저절로 배불러 만족하고

我若向脩羅 惡心自調伏

제가 만약 수라를 향하면 나쁜 마음이 저절로 길들여져 순해지고

我若向畜生 自得大智慧

제가 만약 축생을 향하면 스스로 큰 지혜를 얻게 되어 지이다.

發是願已 至心稱念 我之名字

이렇게 원을 발한 다음 지극한 마음으로 나의 명자를 칭념하고

亦應專念 我本師 阿彌陀如來

다시 지성을 다하여 나의 스승 아미타불을 칭념하며

然後即當誦 此陀羅尼神呪章句

그런 후에 이 다라니신주를 외우되

一宿誦 滿三七遍 乃至七七遍

하루에 스물한 번 혹은 마흔아홉 번을 채우면

除滅身中 百千万億劫 生死重罪

백천만억겁토록 나고 죽으며 지은 큰 죄가 소멸할 것입니다."

觀世音復白佛言

관세음보살이 다시 부처님께 아뢰시기를

世尊

"세존이시여!

若諸衆生誦持大悲神呪者 臨命終時

만약 대비신주를 지송하던 모든 중생이 목숨이 마칠 때면

十方諸佛 皆來授手

시방의 모든 부처님이 오셔서 손을 잡아주시고

欲生何等 佛土隨願 皆得往生

어느 부처님 계신 국토든 모두 원하는 대로 태어나게 되나이다."

復白佛言

관세음보살이 다시 부처님께 아뢰시기를

世尊

“세존이시여!

若諸衆生 誦持大悲神呪者

만약 대비신주를 지송하던 모든 중생 가운데

墮三惡道者

삼악도에 떨어지는 이가 있다면

我誓不成正覺

저는 절대로 정각을 이루지 않을 것이며

誦持大悲神呪者

대비심주를 지송한 이가

若不生諸佛國土

만약 모든 부처님의 국토에 태어나지 못한다면

我誓不成正覺

저는 맹세코 성불하지 않겠습니다.

誦持大悲神呪者

대비심주를 지송한 이가

若不得無量三昧辯才者

만약 무량한 삼매와 변재를 얻지 못한다면

我誓不成正覺

저는 맹세코 성불하지 않겠습니다.

誦持大悲神呪者

대비심주를 지송한 이가

於現在生 中一切所求 若不果遂者

현재 살아가는데 모든 구하는 바가 만약 이루어지지 않는다면

我所說呪 卽時虛妄

제가 말한 주문은 허망한 것이어서

不得名爲 大悲心陀羅尼也

저는 부득이 대비심다라니라고 이름하지 않겠습니다.

唯除不善 除不至誠

오직 착하지 않은 이와 지성을 다하지 않는 이는 제외되옵니다.

若諸女人 厭賤女身 欲得成男子身者

모든 여인이 여자의 몸을 싫어해서 남자의 몸을 받기 위해

誦持大悲陀羅尼章句

대비심다라니를 지녀 외우고도

若不轉女身 成男子者

남자 몸을 이루지 못하는 이가 있다면

我誓不成正覺

저는 맹세코 정각을 이루지 않겠습니다.

生少疑心者

다만 조금이라도 의심을 내는 자는

必不果遂也

반드시 이루어지지 않을 것입니다.

若諸衆生

어떤 중생이

侵損常住 飮食財物

삼보의 음식이나 재물을 축내거나 훼손하면

千佛出世 懺悔不滅

천 부처님이 이 세상에 출현하셔도 참회되지 않지만

若誦大悲神呪 即得除滅

이 대비신주를 외울 것 같으면 곧 소멸함을 얻을 것이며

若侵損 食用常住 飲食財物者

삼보의 음식이나 재물을 함부로 먹거나 써서 축낸 이는

要對十方師懺謝 然始除滅

시방의 스님들께 참회하여야 비로소 죄가 소멸하고

今誦大悲陀羅尼時

이제 대비다라니를 외우면 이때

十方師即來爲作證明

시방의 스님들께서 즉시 와서 증명하여

一切罪障悉皆消滅

모든 죄장이 다 소멸되고

一切十惡五逆謗人

일체의 십악과 오역과 사람을 비방하고

謗法破齋破戒

법을 비방하며 재를 파하고 계를 파하며

破塔壞寺

탑을 파하고 절을 무너뜨리며

偷僧祇物污淨梵行

스님의 물건을 훔치고 깨끗한 범행을 더럽히는 등

如是等一切惡業重罪悉皆滅盡

이와 같은 일체 악업과 큰 죄가 다 소멸되나이다.

唯除一事於呪生疑者

다만 한 가지 이 주문을 의심하는 자는 제외되옵니다.

乃至小罪輕業 亦不得滅

적은 죄와 가벼운 업도 없어지지 않는데

何況重罪

어찌 큰 죄가 녹겠습니까?

雖不即滅

비록 이러한 죄들이 즉시에 사라지지는 않더라도

聞此呪故 猶能遠作 菩提因緣

주문을 들은 연고로 능히 멀리 보리의 인이 지어지겠습니다."

復白佛言

다시 부처님께 사뢰시기를

世尊

"세존이시여!

若諸人天誦持大悲心呪者

모든 인간과 천상에서 대비심주를 지니고 외우는 이는

十五種善生不受十五種惡死也

15가지 좋은 일이 나며 15가지 나쁜 죽음을 당하지 않을 것입니다.

其惡死者

그 나쁘게 죽지 않는다는 것은

一者 不令其人飢餓困苦死

첫째는 주리거나 곤한 괴로움으로 죽지 않고,

二者 不爲枷禁杖楚死

둘째는 죄인이 되어 결박을 당하거나 형벌로 죽지 않으며,

三者 不爲怨家酬對死

셋째는 원수 맺은 이에게 보복으로 죽지 않고,

四者 不爲軍陣相煞死

넷째는 전쟁터나 군대에서 싸움으로 죽지 않음이요,

五者 不爲虎狼惡獸殘害死

다섯째는 호랑이나 악한 짐승에게 죽지 않으며,

六者 不爲毒蛇蚖蝎所中死

여섯째는 독사나 지네, 전갈 등 독한 곤충에게 물려죽지 않으며,

七者 不爲水火焚漂死

일곱째는 물이나 불의 재앙으로 죽지 않으며,

八者 不爲毒藥所中死

여덟째는 독약에 의해서 죽지 않음이요,

九者 不爲蠱毒所害心死

아홉째는 뱃속에 있는 독충, 독물에 죽지 않으며,

十者 不爲狂亂失念死

열째는 미치거나 실성하여 죽지 않음이요,

十一者 不爲山樹崖岸墜落死

열한째는 산이나 나무, 언덕에서 떨어져 죽지 않으며,

十二者 不爲惡人厭魅死

열두째는 나쁜 사람의 저주에 홀려 죽지 않음이요,

十三者 不爲邪神惡鬼得便死

열셋째는 나쁜 귀신이나 삿된 귀신에게 죽지 않으며,

十四者 不爲惡病纏身死

열넷째는 나쁜 병에 걸려서 죽지 않음이요,

十五者 不爲非分自害死

열다섯째는 자살이나 일체 비명횡사를 당하지 않습니다.

誦持大悲神呪者

이 대비신주를 지녀 외우는 이는

不被如是十五種惡死也

이와 같은 열다섯 가지 나쁘게 죽는 일을 받지 않나이다.

得十五種善生者

열다섯 가지 좋은 일이 난다는 것은

一者 所生之處常逢善王

첫째는 나는 곳마다 착하고 어진 왕을 만나고,

二者 常生善國

둘째는 항상 좋은 나라에 태어나고,

三者 常值好時

셋째는 항상 좋은 시절을 만나고,

四者 常逢善友

넷째는 항상 좋은 벗을 만나게 되고,

五者 身根常得具足

다섯째는 몸에 모든 기관이 구족하여 건장하고,

六者 道心純熟

여섯째는 도심이 순일하게 익게 되고,

七者 不犯禁戒

일곱째는 계율을 갖추어 어기지 않고,

八者 所有眷屬 恩義和順

여덟째는 있는 권속이 항상 화순하고,

九者 資具財食 常得豐足

아홉째는 재물과 음식이 항상 풍족하고,

十者 恒得他人 恭敬扶接

열째는 항상 다른 사람에게 공경하는 대우를 받고,

十一者 所有財寶 無他劫奪

열한째는 재물을 남에게 뺏기지 않으며,

十二者 意欲所求 皆悉稱遂

열두째는 뜻대로 구하는 바가 다 이루어지고,

十三者 龍天善神 恒常擁衛

열셋째는 용과 하늘과 선신이 항상 보호하며,

十四者 所生之處 見佛聞法

열넷째는 나는 곳마다 부처님 뵈옵고 법을 들으며,

十五者 所聞正法 悟甚深義

열다섯째는 불법의 깊은 이치를 깨닫게 되옵니다.

若有人誦持 大悲心陀羅尼者

대비심다라니를 지니고 외우는 이는

得如是等 十五種善生也

이와 같은 열다섯 가지 좋은 일을 얻게 되므로

一切人天龍鬼常應誦持

일체 사람과 천상과 용과 귀신들은 항상 외우고 수행하되

勿生懈怠時

게으름을 내지 말아야 되나이다."

觀世音菩薩說是語已

관세음보살께서 이렇게 말씀하시고

於衆會前合掌正住

법회에 모인 대중 앞에 합장하고 바로 서서

於諸衆生起大悲心

모든 중생에게 크게 연민히 여기는 마음을 일으키시고

開顔含笑

얼굴에 가득 미소를 머금으시사

即說如是廣大圓滿無㝵大悲心大陀羅尼

곧 이와 같은 광대원만무애대비심대다라니인

神妙章句陀羅尼 卽說呪曰

신묘장구다라니를 설하시니 곧 그 주문은 이러하다.

南無 曷囉怛那 哆囉夜耶(一)

나모 라트나 트라야야(一)

南無 阿唎耶(二)

나마 아 랴(二)

婆盧羯帝 爍鉢囉耶(三)

바로키테 스바라야(三)

菩提 薩跢婆耶(四)

보디 사트바야(四)

摩訶 薩跢婆耶(五)

마하 사트바야(五)

摩訶 迦盧尼迦耶(六)

마하 카루니카야(六)

唵(七)

옴(七)

薩 皤　囉罰曳(八)

사르바 라바예(八)

數怛那怛鳴(九)

수다나다샤(九)

南無 悉 吉 埵 伊蒙阿唎耶(十)

나마 스크르타 이맘아　랴(十)

婆盧吉帝 室佛囉愣 馱婆(十一)

바루키테 시 바 람 다바(十一)

南無 那囉謹墀(十二)

나모 나라키디(十二)

醯唎 摩　皤哆沙咩(十三)

헤리 마하 바다샤메(十三)

薩 婆 阿他 豆輸朋(十四)

사르바아타 두슈붐(十四)

阿逝孕(十五)

아제얌(十五)

薩 婆 菩哆那 摩婆伽(十六)

사르바 부타나 마바가(十六)

摩罰特豆(十七)

마바두두(十七)

怛姪他(十八)

타댜타(十八)

阿婆盧醯(十九)

옴 아바로카(十九)

盧迦帝(二十)

로카테(二十)

迦囉帝(二十一)

카라테(二十一)

夷醯唎(二十二)

에헤르(二十二)

摩訶 菩提 薩 埵(二十三)

마하 보디사트바(二十三)

薩 婆 薩 婆 (二十四)

사르바사르바(二十四)

摩囉摩囉(二十五)

마라마라(二十五)

摩　摩醯唎馱孕(二十六)

마헤마헤르다양(二十六)

俱盧俱盧 羯　懞(二十七)

쿠루쿠루 카르맘(二十七)

度盧度盧 罰闍耶帝(二十八)

두루두루 바자야테(二十八)

摩訶 罰闍耶帝(二十九)

마하 바자야테(二十九)

陀囉陀囉(三十)

다라다라(三十)

地唎尼(三十一)

디리니(三十一)

室佛囉耶(三十二)

스바라야(三十二)

遮囉遮囉(三十三)

차라차라(三十三)

摩摩罰摩囉(三十四)

마마바마라(三十四)

目帝囇(三十五)

묵테레(三十五)

伊醯移醯(三十六)

에헤에헤(三十六)

室那室那(三十七)

시나시나(三十七)

阿囉嘇 佛囉舍利(三十八)

아르삼 프라사리(三十八)

佛沙罰嘇(三十九)

바사바삼(三十九)

佛羅舍那(四十)

프라샤야(四十)

呼嚧呼嚧摩囉(四十一)

후루후루마라(四十一)

呼嚧醯唎(四十二)

후루후루헤리(四十二)

娑囉娑囉(四十三)

사라사라(四十三)

悉唎悉唎(四十四)

시리시리(四十四)

蘇嚧蘇嚧(四十五)

수루수루(四十五)

菩提夜 菩提夜(四十六)

보디야 보디야(四十六)

菩馱夜 菩馱夜(四十七)

보다야 보다야(四十七)

弥 帝 唎夜(四十八)

마이트리야(四十八)

那囉謹墀(四十九)

나라킨디(四十九)

他唎瑟尼那(五十)

다르시니나(五十)

波夜摩那(五十一)

파야마나(五十一)

娑婆訶(五十二)

스바하(五十二)

悉陀夜(五十三)

싣다야(五十三)

娑婆訶(五十四)

스바하(五十四)

摩訶 悉陀夜 娑婆訶(五十五)

마하 싣다야 스바하(五十五)

悉陀喻藝(五十六)

신다요게(五十六)

室皤囉　(五十七)

스바라야(五十七)

娑婆訶(五十八)

스바하(五十八)

那囉謹墀(五十九)

나라킨디(五十九)

娑婆訶(六十)

스바하(六十)

摩囉那囉 娑婆訶(六十一)

마라나라 스바하(六十一)

悉囉僧訶 穆佉耶(六十二)

시라싱하 무카야(六十二)

娑婆訶(六十三)

스바하(六十三)

　派摩訶 阿悉陀夜(六十四)
스바마하 아싣다야(六十四)

娑婆訶(六十五)
스바하(六十五)

者吉囉 阿悉陀夜(六十六)
차크라 아싣다야(六十六)

娑婆訶(六十七)
스바하(六十七)

波　摩 羯悉哆夜(六十八)
파드마 카스타야(六十八)

娑婆訶(六十九)
스바하(六十九)

那囉謹墀 皤伽囉夜(七十)
나라킨디 바가라야(七十)

娑婆訶(七十一)
스바하(七十一)

摩婆唎 勝羯囉夜(七十二)

마바리 샹카라야(七十二)

娑婆訶(七十三)

스바하(七十三)

南無 曷囉怛那 哆囉夜耶(七十四)

나모 라트나 트라야야(七十四)

南無阿唎耶(七十五)

나마아 랴(七十五)

婆嚧吉帝(七十六)

바로기테

爍皤囉耶(七十七)

스바라야(七十七)

娑婆訶(七十八)

스바하(七十八)

唵 悉殿都 曼哆囉 鉢默耶 娑婆訶

옴 시댬투 만트라 파다야 스바하

尒時 觀世音菩薩 說此呪已

이때 관세음보살께서 이 주문을 설하시고 나니

大地六變震動

대지는 여섯 가지로 진동하고

天雨寶花 繽紛而下

하늘에서는 보배의 꽃이 비 오듯이 내려오며

十方諸佛悉皆歡喜

시방의 모든 부처님께서는 다 환희하시고

天魔外道驚恐毛竪

천마와 외도들은 놀라고 두려워 털이 곤두섰으며

一切衆會皆獲果證

이 법회에 모인 일체 대중은 과위를 각기 증득하였으니

或得須陀洹果 或得斯陀含果

혹 수다원과를 얻었으며, 혹 사다함과를 얻었으며

或得阿那含果 或得阿羅漢果者

혹 아나함과를 얻었으며, 혹 아라한과를 얻었으며

或得歡喜地者 或得二地三地 乃至第十法雲地者

혹은 보살 초지(환희지) 이지 삼지 내지 제십지인 법운지를 얻었으며

無量鬼神異類 發菩提心

헤아릴 수 없이 많은 귀신과 축생은 모두 보리심을 발하였다.

尒時 大梵天王 從座而起

이때 대범천왕이 자리에서 일어나

整理衣服合掌恭敬

의복을 단정히 하고 합장공경하며

白觀世音菩薩言

관세음보살께 아뢰기를

善哉大士

"잘하나이다. 대사이시여!

我從昔來 經無量佛會

내가 옛적부터 무량한 부처님 회상에 참예하여

聞種種陀羅尼

가지가지 법과 가지가지 다라니를 들었으나

未曾聞說如此廣大無导大悲陀羅尼神妙章句

일찍이 이와 같은 광대원만무애대비심다라니신묘장구는 설함을 듣지 못하였습니다.

唯願大士爲我

오직 원하옵건대 대사께서는 나를 위하여

廣說此陀羅尼形貌相狀

널리 이 다라니의 모양을 설해주소서.

我等大衆 願樂欲聞

나와 모든 대중은 즐겨 듣기를 원하나이다."

觀世音菩薩告梵王言

관세음보살께서 대범천왕에게 말씀하시되

汝爲方便利益一切衆生故

"그대는 일체 중생을 이익케 하기 위하여 방편으로

作如是問

나에게 이와 같이 묻는구나.

汝今善聽吾爲汝等

그대는 잘 들어라. 내가 그대들을 위하여

略說少耳

간략하게 조금만 말하리라."

觀世音菩薩言

관세음보살께서 말씀하시되

大慈悲心是 陀羅尼相貌 平等心是

"대자비심이 다라니의 모양이며 평등한 마음이며

無爲心是 無染著心 是空觀心

무위심이 이것이며 무염착심이 이것이며 공관심이 이것이며

是恭敬心 是卑下心是 無雜亂心

공경심이 이것이며 하심이 이것이며 무잡란심이 이것이며

是無惱害心

괴롭히거나 해롭히는 일이 없는 마음이며

是無見取心是

잘못된 소견이나 집착이 없는 마음이며

無上菩提心是

위없는 깨달음의 마음이니

當知如是等心　即是陀羅尼相貌

마땅히 알라. 이와 같은 마음이 곧 다라니의 모양이니

汝當依此而修行之

그대들은 응당 이것을 의지하여 수행하여라."

大梵王言

대범천왕이 아뢰기를

我等大衆今始識　此陀羅尼相貌

"저와 대중은 지금에 비로소 이 다라니의 모양을 알았으니

從今受持不敢忘失

지금부터 받아 지니고 외우되 감히 잊어버리지 않겠습니다."

觀世音菩薩言

관세음보살께서 말씀하시되

若善男子善女人 持此神呪者

"만약 선남자나 선여인이 이 신주를 지니고 외우는 이는

發廣大菩提心

넓고 큰 보리심을 내어

誓度一切衆生 身持齋戒

일체 중생을 제도하기를 맹세하며 청정히 계율을 지키고

於諸衆生 起平等心

모든 중생에게 평등한 마음을 내며

常誦此呪 莫令斷絕

항상 이 주문을 외우되 끊어지지 않게 하고

住於淨室澡浴清淨

깨끗한 방에 거처하면서 청정하게 목욕을 하며

著鮮淨衣服 懸旛然燈

깨끗한 의복을 입고 좋은 당번과 등을 달고

種種香花 百味飲食 以用供養

가지가지 향과 꽃과 여러 가지 음식으로 공양을 올리며

制心一處更莫異緣

마음을 잘 다스려 이 다라니 외우는 곳으로 거두어 딴 반연을 두지 말지어다.

如法誦持

이렇게 법답게 외울 때에

是時當有 日光菩薩 月光菩薩

이때에 일광보살과 월광보살이

與無量 星宿夜叉 神仙來爲

무량한 별들과 야차신들과 선인들과 함께 와서

作證益其效驗

효험이 더하도록 증명을 할 것이며

我時當以 千眼照見 千手護持

나는 이때 천안으로 비추어 보고 천수로써 호지해서

從是已往 所是世間 經書悉能受持

이로부터 세간의 모든 경서를 능히 받아 지니게 되며

一切外道法術 圍陀典籍 亦能通達

일체 외도의 법술 전적도 또한 통달하리라.

誦持此神呪者

이 신주를 지송하는 이는

世間八万四千種鬼病

세상의 팔만사천 가지 귀신으로 인한 병을

悉皆治之無不差者

다 치료하여 낫게 할 수 있으며

亦能使令 一切鬼神

또한 일체 귀신을 부릴 수 있으며

降諸天魔 及諸外道

모든 천마를 항복받고 외도를 제압할 수 있느니라.

若在山野 誦經坐禪有

만약 산이나 들에서 경전을 외우고 좌선하고 있을 때

諸山精雜魅魍魎鬼神

산에 있는 정령 · 도깨비 · 귀신들이 와서

橫來惱亂心不安定者

마음을 어지럽혀서 안정하지 못한 이는

誦此呪一遍乃至七遍是

이 주문을 한 번 내지 일곱 번을 외울 것 같으면

諸鬼神皆 悉被縛也

모든 귀신들은 다 묶어져 다시는 해롭게 하지 못하리라.

若能如法誦持

만약 법대로 외워 지니면서

於諸衆生 起慈悲心者

모든 중생에게 자비심을 일으키는 이는

我時當勅 一切善神 龍王 金剛密迹

내가 이때 일체 착한 신과 용왕과 금강밀적을 보내서

常隨擁護 不離其側

그를 항상 따라 옹호하여 그 곁을 떠나지 않고

如護眼睛 如護已命

자기 눈이나 자기 목숨을 보호하고 아끼듯이 하리라.

卽說勅曰

곧 칙서하여 가로되

我遣密迹金剛士 烏芻君茶鴦俱尸 八部力士賞迦羅

나는 밀적금강사와 오추군다앙구시와 팔부역사상가라를 보내어

常當擁護受持者

이 주문을 수지 독송하는 이를 항상 보호하게 하리라.

我遣摩醯那羅延 金毗羅陀迦毘羅

나는 마혜나라연과 금강라타가비를 보내어

常當擁護受持者

이 주문을 수지 독송하는 이를 항상 보호하게 하리라.

我遣婆馺婆樓那 滿善車鉢真陀羅

니는 바삽바루나와 만선차발진다라를 보내어

常當擁護受持者

이 주문을 수지 독송하는 이를 항상 보호하게 하리라.

我遣薩遮摩和羅 鳩蘭單吒半祇羅

나는 살차마화라와 구란단타반지라를 보내어

常當擁護受持者

이 주문을 수지 독송하는 이를 항상 보호하게 하리라.

我遣畢婆伽羅王　應德毗多薩和羅

나는 필바가라왕과 응덕비다살화라를 보내어

常當擁護受持者

이 주문을 수지 독송하는 이를 항상 보호하게 하리라.

我遣梵摩三鉢羅　五淨居等炎摩羅

나는 범마삼발라와 오정거의 염마라를 보내어

常當擁護受持者

이 주문을 수지 독송하는 이를 항상 보호하게 하리라.

我遣釋天三十三　大辯功德婆怛那

나는 제석천왕과 삼십삼천왕과 대변공덕천왕 발다라를 보내어

常當擁護受持者

이 주문을 수지 독송하는 이를 항상 보호하게 하리라.

我遣提頭賴吒王　神母女等大力衆

나는 제두뇌타왕과 신모녀 등 대력무리들을 보내어

常當擁護受持者

이 주문을 수지 독송하는 이를 항상 보호하게 하리라.

我遣毗樓勒叉王 毘樓博叉毘沙門

나는 비루륵차왕과 비루박차왕과 비사문을 보내어

常當擁護受持者

이 주문을 수지 독송하는 이를 항상 보호하게 하리라.

我遣金色孔雀王 二十八部大仙衆

나는 금색공작왕과 이십팔부의 대선 무리들을 보내어

常當擁護受持者

이 주문을 수지 독송하는 이를 항상 보호하게 하리라.

我遣摩尼跋陀羅 散脂大將弗羅婆

나는 마니발타라와 산지대장인 부라바를 보내어

常當擁護受持者

이 주문을 수지 독송하는 이를 항상 보호하게 하리라.

我遣難陀跋難陀 娑伽羅龍伊鉢羅

나는 난타용왕 발난타용왕 사가라용왕 이발라용왕을 보내어

常當擁護受持者

이 주문을 수지 독송하는 이를 항상 보호하게 하리라.

我遣脩羅乾闥婆 迦樓緊那摩睺羅

나는 아수라와 건달바와 가루라와 긴나라와 마후라를 보내어

常當擁護受持者

이 주문을 수지 독송하는 이를 항상 보호하게 하리라.

我遣水火雷電神 鳩槃茶王毘舍闍

나는 수신 화신 번개우뢰신과 구반다왕과 비사다를 보내어

常當擁護受持者

이 주문을 수지 독송하는 이를 항상 보호하게 하리라.

是諸善神 及神龍王 金剛力士 神母女等

이 모든 선신과 용왕과 금강역사와 신모녀 등은

各有五百眷屬

각각 오백 권속이 있어서

大力夜叉 常隨擁護 誦持大悲神呪者

힘센 야차가 항상 따라다니면서 대비신주를 지송하는 이를 지

킬 것이니

其人若在 空山壙野 獨宿孤眠

그 사람이 만약 산이나 광야에 홀로 잠자고 있을 때

是諸善神 番代宿衛 辟除灾障

이 모든 선신들은 교대로 보호해서 재앙을 없애줄 것이며

若在深山 乏少水火

깊은 산에 들어가서 물과 불이 없을 때에도

誦此呪故化出水火

이 주문을 외우는 연고로 물과 불이 나오게 할 것이며

若迷失道路

길을 잃었을 때에도

善神龍王 化爲人像 示其正道

착한 신과 용왕을 사람으로 변화시켜 바른 길을 보여줄 것이며

若逢賊陣 被他抄凉 墮落他國

도적떼를 만나 재물을 빼앗기거나 타국으로 끌려갈 때

誦持此呪故 大悲觀世音菩薩

이 주문을 외우는 연고로 대비 관세음보살이

使諸善神龍王接還夲土具

선신과 용왕을 시켜 본고장으로 온전히 돌아오게 하리라.

大悲者復爲梵王說

대비하신 이께서 범왕에게 다시

消除灾禍淸涼之揭

재앙을 멀리 여의는 청량한 게송을 설하시되

若行壙野山澤中

넓은 들과 산과 연못을 다니는 중에

逢值虎狼諸惡獸

범이나 이리 등 모든 포악한 짐승 무리와 만나거나

蚖蛇精魅魍魎鬼

뱀이나 정령이나 도깨비를 만나도

聞誦此呪莫能害

이 주문의 외움을 들으면 해치지 못하며

若行江湖滄海間

강이나 호수나 바다에서

毒龍蛟龍摩竭獸

독한 용이나 교룡이나 악어 떼나

夜叉羅刹魚黿鱉

야차와 나찰과 독한 고기를 만나도

聞誦此呪自藏隱

이 주문의 외움을 들으면 스스로 숨어버리며

若逢軍陣賊圍遶

군진 중에서나 도적에게 포위되거나

或被惡人奪財寶

혹은 나쁜 사람에게 재물을 빼앗길 때도

至誠稱誦大悲呪

지극한 정성으로 대비주를 외우면

彼起慈心復道歸

저들이 자비심을 내어 다시 돌아가며

若爲王官收錄身

왕의 관원에게 잡힌 몸이 되어

囹圄禁閉杻枷鏁

옥에 갇혀서 쇠사슬로 묶였을 때도

至誠稱誦大悲呪

지극성심으로 대비주를 외우면

官自開恩釋放還

관원이 스스로 옥문과 결박을 풀어 돌아오며

若入野道蠱毒家

길을 가다가 나쁜 집에 들르게 되어

飮食有藥欲相害

음식에 독약을 넣어 해치려 할 때에

至誠稱誦大悲呪

지극성심으로 대비주를 외우면

毒藥變成甘露漿

독약이 변하여 감로수가 되며

女人臨難生產時

여인이 아기를 낳다가 어려움에 임하여

邪魔遮障苦難忍

삿된 마귀의 장난으로 고통을 참기 어려울 때

至誠稱誦大悲呪

지극성심으로 대비주를 외우면

鬼神退散安樂生

귀신이 물러나서 편안히 낳게 되리라.

惡龍疫鬼行毒氣

악룡의 역병과 귀신의 독기가 유행하여

熱病侵陵命欲終

나쁜 병이 침입하여 목숨이 위태로울 때

至誠稱誦大悲呪

지극성심으로 대비주를 외우면

疫病消除壽命長

역병은 없어지고 수명은 길어지리라.

龍鬼流行諸毒腫

용귀가 모든 독한 종기 병을 퍼뜨려서

癰瘡膿血痛叵堪

종기와 고름이 나서 아픔이 심할 때

至誠稱誦大悲呪

지극성심으로 대비주를 외우며

三唾毒腫隨口消

종기에다 침을 세 번 뱉으면 종기는 없어지며

衆生濁惡起不善

미개한 중생이 나쁜 마음을 일으켜

厭魅呪詛結怨讎

비방하고 저주하여 원수로 맺어질 때

至誠稱誦大悲呪

지극성심으로 대비주를 외우면

厭魅還著於本人

비방과 저주는 본인에게 돌아가며

惡生濁亂法滅時

중생계가 혼탁하여 정법이 멸할 때에

婬欲火盛心迷倒

음욕의 불은 치성하여 마음이 전도되어

棄背妻婿外貪染

본처를 등지고 밖의 색을 탐하여서

晝夜邪思無暫停

주야로 삿된 것을 생각하여 조금도 쉬지 않을 때

至誠稱誦大悲呪

지극성심으로 대비주를 외우면

婬欲火滅邪心除

음욕의 불은 없어지고 삿된 마음은 사라지리라.

我若廣讚呪功力

내가 만약 이 주문의 공을 다 찬탄하려면

一劫稱揚無盡期

일겁 동안 설하여도 다하지 못하느니라."

尒時 觀世音菩薩 告梵天言

이때 관세음보살께서 범천왕에게 말씀하시되

誦此呪五遍 取五色線作索

“이 다라니를 다섯 번 외우고 오색실로 새끼를 꼬고

呪二十四遍結作二十四結繫項

주문을 스물네 번 외우고 스물넷의 매듭을 만들어 목에 걸지어다.

此陀羅尼乃是過去九十九億恒河沙諸佛所說

이 다라니는 과거 99억 항하사의 모든 부처님이 설하셨으며

彼等諸佛爲諸行人

저 모든 부처님께서 모든 수행인을 위하여

修行六度未滿足者速令滿足故

육바라밀 수행이 만족되지 못한 이는 속히 만족되게 하고

未發菩提心者速令發心故

보리심을 내지 못한 이는 속히 발심되게 하고

若聲聞乘人未證果位者速令證故

성문과를 증득하지 못한 이는 속히 증득케 하며

若三千大千世界內諸神仙

삼천대천세계 내의 모든 신선인이

人未發無上菩提心者令發心故

무상보리심을 발하지 못한 이는 속히 발심하게 하고

若諸衆生未得大乘信根者

모든 중생 가운데 대승의 신근을 얻지 못한 이는

以此陀羅尼威神力故

이 다라니의 위신력으로

令其大乘種子法芽增長

대승종자법의 싹을 증장케 하며

以我慈悲方便力故

나의 자비 방편력으로

令其所須皆得成辦

그로 하여금 원대로 다 갖추게 하느니라.

又三千大千世界幽隱闇處三塗衆生

또한 삼천대천세계에 암흑처와 삼악도 중생이

聞我此呪皆得離苦

나의 이 주문을 들으면 다 괴로움을 여의게 되고

有諸菩薩未階初住者速令得故

모든 보살 중에 초지에 오르지 못한 자는 속히 오르게 되고

乃至令得到十住地故 又令得到佛地故

내지 십지도 이르게 되고, 또 불지에도 이르므로

自然成就三十二相八十隨形好

자연히 삼십이상과 팔십 가지의 좋은 형상을 성취하며

若聲聞人聞此陀羅尼一經於耳者

만약 성문인으로써 한 번이라도 이 다라니를 들은 이나

修行書寫此陀羅尼者

이 다라니를 글로 베껴 쓰는 수행을 하는 이

以質直心如法而住

정직한 마음으로 여법하게 행하는 이는

者四沙門果不求自得

네 가지 성문과를 구하지 아니하여도 자연히 얻게 되며

此陀羅尼力能令

이 다라니의 힘으로

三千大千世界山河石壁四大海水能令涌沸

삼천대천세계 안의 산과 강과 석벽과 사대 해수를 솟아오르게 하고

須弥山及鐵圍山能令搖動

수미산과 철위산을 능히 움직이게 하며

又令碎如微塵

또는 티끌같이 부서지게 할 수 있으며

其中衆生悉令發無上菩提之心

그 세계 안의 모든 중생이 무상보리심을 발하게 하느니라.

若諸衆生現世求願者

만약 모든 중생이 현 세상에서 원하는 바가 있으면

於三七日淨持齋戒

21일 동안 깨끗이 계율을 지키고

誦此陀羅尼必果所願

이 다라니를 외우면 반드시 소원은 성취되며

從生死夲際已來 一切惡業並皆滅盡

따라서 나고 죽으면서 지은 일체 악업도 아울러 다 멸하고

三千大千世界內一切諸佛菩薩

삼천대천세계에 일체 제불과 보살과

梵釋四王神仙龍王悉皆證知

범왕과 제석과 사천왕과 신선과 용왕이 다 증명하리라.

若有善男子善女人誦持此陀羅尼者

만약 선남자나 선여인 등 이 다라니를 외우는 이가

其人若在江河大海中 沐浴其中衆生

강이나 바다에서 목욕하면 그 안에 있는 중생이

得此人浴身之水霑著其身

이 사람의 목욕한 물이 그 중생들 몸에 닿게 되면

一切惡業重罪悉皆消滅 即得轉生

일체 악업과 큰 죄가 다 소멸되고 곧 부처님 국토에 나서

他方淨土蓮花化生

다른 정토의 연꽃 속에 화생하여

更不受胎身乃至濕卵之身

다시는 태의 몸이나 습, 난의 몸을 받지 않거늘

何況受持讀誦者

하물며 받아 지니고 독송하는 사람이겠는가.

此人若行道路

이 주문을 지송하는 이가 길을 갈 적에

大風時來吹此人身毛髮衣服餘風

큰 바람이 불어와 이 사람의 몸이나 터럭, 옷에 스친 바람이

下過諸類衆生得此人飀身風吹著身者

모든 종류의 중생들 몸에 스쳐 지나가면

一切重罪惡業 並皆消滅

이 중생은 일체 무거운 죄와 나쁜 업이 아울러 소멸하여

更不受三惡道報

다시는 삼악도의 과보를 받지 않고

常生在佛前

항상 부처님 곁에 나게 되나니

當知誦持者

마땅히 알아라. 이 주문을 지송한 이가

所得 福德果報 不可思議

얻는 복덕의 과보는 불가사의하여

千佛共讚 不能躬進

천 부처님께서 함께 칭찬하여도 다할 수 없느니라.

誦持此呪者

이 주문 외우는 이의

口中所出言音若善若惡

입에서 나오는 말이 좋은 말이든 나쁜 말이든

一切天魔外道龍神諸鬼聞者

일체 천마나 외도와 용과 신, 모든 귀신이 들으면

皆是清淨法音

다 청정한 법음으로 듣게 되어

悉於其人起恭敬心

다 이 사람에게 공경하는 마음을 내어

尊重如佛

부처님과 같이 존경하리라.

誦持此陀羅尼者

이 다라니를 지송하는 이는

當知其人 即是佛身藏

마땅히 알라, 그는 곧 부처님의 몸이 되나니

九十九億恒河沙諸佛所愛惜故

99억 항하사의 모든 부처님께서 사랑하시고 아껴주시는 까닭이며

當知其人 是光明藏

마땅히 알라, 그는 곧 광명의 몸이 되나니

一切如來大智慧光常照曜故

일체 부처님의 큰 지혜의 빛으로 항상 비추어 주시는 연고며

當知其人 是慈悲藏

마땅히 알라, 이 사람은 곧 자비를 갖추게 되나니

恒以陀羅尼 救護一切衆生

항상 이 다라니로 일체 중생을 구제하고 보호하는 연고며

故當知其人 是妙法藏

마땅히 알라, 이 사람은 곧 묘법을 갖추게 되나니

普攝一切陀羅尼門故

널리 일체 다라니 문을 거두는 연고며

當知其人 是禪定藏

마땅히 알라, 이 사람은 선정을 갖추게 되나니

百千三昧 常現前故

백천삼매가 항상 현전하는 연고며

當知其人是虛空藏

마땅히 알라, 이 사람은 허공을 갖추게 되나니

常以空慧 觀衆生故

항상 공과 혜로 중생을 관하는 연고며

當知其人 是無畏藏

마땅히 알라, 이 사람은 무외를 갖추게 되나니

龍天善神 常護持故

용과 하늘의 착한 신이 항상 보호하는 연고며

當知其人 是妙語藏

마땅히 알라, 이 사람은 묘어를 갖추게 되나니

口中陀羅尼音 無斷絕故

입 가운데 다라니 음성이 끊어지지 않는 연고며

當知其人 是常住藏

마땅히 알라, 이 사람은 상주를 갖추게 되나니

三災惡劫 不能壞故

삼재와 나쁜 세월이 능히 없애지 못하며

當知其人 是解脫藏

마땅히 알라, 이 사람을 해탈을 갖추게 되나니

天魔外道 不能稽留故

천마와 외도가 능히 머물러 해롭게 하지 못하는 연고며

當知其人 是藥王藏

마땅히 알라, 이 사람은 약왕을 갖추게 되나니

常以陀羅尼呪 療衆生病故

항상 이 다라니로 중생의 병을 치료하는 연고며

當知其人 是神通藏

마땅히 알라, 이 사람은 신통을 갖추게 되나니

遊諸佛國 得自在故

모든 부처님 국토를 왕래하며 놀되 자재함을 얻는 연고니라.

是人功德 讚不可盡

이와 같이 지송하는 자의 공덕의 찬탄은 다할 수 없느니라.

善男子若復有人

선남자야! 만약 어떤 사람이

厭世間苦求長生樂者

세상의 괴로움을 싫어해서 긴 수명과 즐거움을 구하려면

在閑靜處清淨結界

조용한 곳에 있으면서 도량 주위를 청결하게 하고

呪衣著

옷을 입을 때 주문을 외우며

若水若食若香若藥皆呪一百八遍

또 물과 밥과 향과 약을 먹을 때 모두 108번씩 주문을 외우고

服必得長命百二十歲

먹게 되면 반드시 목숨이 장수할 것이며

若能如法結界依法受持

만약 여법하게 결계하고 법대로 주문을 지송하면

一切成就

모든 것을 다 성취하나니

其結界法者或取刀呪二十一遍

그 결계법이란 칼을 잡고 주문을 21번 외우고

畫地爲界

땅을 그어서 경계를 삼으며

或取淨水呪二十一遍

혹은 깨끗한 물을 들고 주문을 21번 외우고

散著四方爲界

사방에 붓고 경계를 삼으며

或取白芥子呪二十一遍

혹은 흰 개자를 가지고 주문을 21번 외우고

擲著四方上下爲界

사방상하로 던져서 경계를 삼으며

或取淨灰

혹은 깨끗한 재를 가지고

呪二十一遍圍繞四邊爲界

주문 21번을 외우고 두루 사변으로 흩고 경계를 삼으며

或以想到處爲界

혹은 생각 가는 곳마다 경계를 삼으며

或取五色線呪二十一遍

혹은 오색선을 가지고 주문을 21번 외우고

圍繞四邊爲界皆得

두루 네 곳에 두르고 경계를 삼고 수행하면 다 얻게 되며

若能依法受持自然剋果

만약 법대로 받아 행하면 자연히 과를 얻을 것이니라.

若聞此陀羅尼名

이 다라니는 이름만 들어도

尚滅無量劫生死重罪

오히려 무량겁토록 생사중죄를 멸할 것인데

何況誦持者

하물며 지송하는 이야 말할 것이겠는가.

若得此陀羅尼 讀誦當知

만약 이 다라니를 얻어서 독송하는 이는 마땅히 알라.

是人已曾供養無量諸佛 廣種善根

이미 무량한 모든 부처님께 공양하여 널리 선근을 심었느니라.

若能爲諸衆生拔其苦難

만약 모든 중생을 위해서 그 괴로움과 어려움을 건져주며

如法誦持者

여법하게 외우고 지니는 이는

當知其人 即是具大悲者 成佛不久

마땅히 알라, 이 사람은 곧 대비를 갖춘 자라 머지않아 성불할 것이며

所見衆生皆悉爲誦

중생을 보게 되면 이 주문을 외우게 하고

令彼耳聞與作 菩提之因

듣게 하여서 보리의 인을 지어준다면

是人功德 無量无邊 讚不可盡

이 사람의 공덕은 무량무변하여 찬탄이 다할 수 없느니라.

若能精誠用心身持齋戒

만약 정성을 다해 마음과 몸으로 재계를 지키고

爲一切衆生

일체 중생을 위해서

懺悔先業之罪

선세부터 지금까지 지어온 업을 참회토록 하며

亦自懺謝無量劫來

또한 내가 무량겁으로 오면서

所造惡業重罪

지은 가지가지 악업과 무거운 죄를 참회하고

口中駸駸誦此陀羅尼

입으로는 아주 빠른 속도로 이 다라니를 외우되

聲聲不絕者

소리 소리마다 끊어지지 아니하면

四沙門果 此生即證

네 가지 성문과를 금생에서 곧 증득하며

不難其利根有慧觀方便者

그 영리한 근기와 지혜가 있어 방편을 관하는 이는

十地果位 剋獲不難

십지과위를 어렵지 않게 증득하거늘

何況世間 小小福報

어찌 세상의 작고 작은 복이겠는가?

所有求願無不果遂由

있는 바 성취하고자 함이 이루어질 수밖에 없는 것은

此菩薩大悲願力深重故

이는 관세음보살의 대비 원력이 심중한 연고며

亦爲此陀羅尼威神廣大故

또한 이 다라니의 위신력이 광대한 연고니라."

佛告阿難

부처님께서 아난에게 말씀하시되,

若有國土 灾難起時

"만약 국토에 재난이 일어날 때

是國土大王能以政法治國

이 국토의 왕이 바르게 정해진 법으로 국가를 다스리되

寬縱人物不枉

왕의 뜻에 반하더라도 정직한 사람은 너그럽게 놓아주고

衆生赦諸有過

중생들의 허물을 용서하며

七日七夜 身心精進

칠일 동안 몸과 마음을 가다듬어

誦持是大悲心陀羅尼神呪威神力故

이 대비심다라니를 수지 독송하면 이 신주의 위신력으로

令彼國土一切災難悉皆除滅

국토에 일체 재난이 모두 없어지며

百穀豊登 万姓安樂

여러 가지 곡식은 풍성하며 모든 백성은 안락하리라.

若爲他國怨敵數來侵擾百姓不安

만약 딴 나라에서 자주 침입하여 백성이 불안하고

大臣謀叛 疫氣流行

대신은 배반하며 나쁜 역병이 유행하고

水旱不調 日月失度

장마와 가뭄이 고르지 못하며 해와 달은 정도를 잃고

惡雨霜雹 損傷五穀

폭우와 서리, 우박 등이 오곡을 손상시키고

猛獸群行 傷害百姓

맹수가 떼를 지어 다니면서 백성들을 해치는 등

如是種種 不祥起時

각종 재난이 시시때때로 일어날 때

當造千眼大悲心像面向其方

마땅히 천안대비심상을 조성하여 서방으로 향하여 모시고

以種種香花寶幢旛蓋

가지가지 향과 꽃과 보배와 당번과 깃발과 보개와

百味飮食心心祢重至誠供養

여러 가지 좋은 음식으로써 지성으로 공양을 올리며

其王又能七日七夜身心精進

그 국왕이 또 칠일 동안 몸과 마음을 가다듬어

誦持如是陀羅尼神妙章句

이 다라니 신묘장구를 수지 독송하면

外國怨敵 自然歸伏

외국의 원적이 자연히 항복하고

各政治國 自國他國 無怨家心

각기 자기 나라를 바르게 다스려 나라 간 원한의 마음은 사라지고

國土通同 慈心相向

국토는 통일되어 인자한 마음으로 서로를 대하며

王子百官 皆行忠赤

왕자와 백관이 충성을 다하고

妃后婇女 孝敬向王

후비와 궁녀는 효순하고 공경히 왕을 대할 것이며

諸天龍神 擁護其國

모든 천룡과 선신이 그 나라를 옹호해서

風雨順時 果實豊饒

바람과 비는 때 맞추어 내려 곡식과 과일은 풍성하고

人民歡樂

모든 국민들은 안락하리라.

又若有家內遇大惡病百怪競起

또 가정에 큰 병이 생기며 백 가지 괴이한 일들이 일어나고

鬼神邪魔 耗亂其家

귀신과 사마가 그 가정을 어지럽게 하며

惡人橫造口舌以相謀害

나쁜 사람들이 꾸민 말로 이간질하여 서로를 모해하고

室家大小內外不和者

집안이 화순치 못하며 안팎이 불화할 때

當於大悲千眼像前設其壇場

마땅히 대비천안상을 단 위에 모시고

至心稱念 大悲名号

지극한 마음으로 관세음보살을 칭념한 다음

誦此陀羅尼滿其千遍

이 다라니 외우기를 천 편을 채우면

如上惡事 悉皆消滅

이러한 나쁜 일들은 모두 다 없어지리라."

阿難白佛言

아난이 부처님께 말씀하되

世尊

"세존이시여!

此呪何名 云何受持

이 주문의 이름은 무엇이오며 어떻게 받들어 지녀야 하옵니까?"

佛告阿難

부처님께서 아난에게 말씀하시되

如是神呪 有種種名

"이 신주는 가지가지 이름이 있으니

一名 廣大圓滿 一名 無㝵大悲

일명 광대원만이며 일명 무애대비며

一名 救苦陀羅尼 一名 延壽陀羅尼

일명 구고다라니며 일명 연수다라니며

一名 滅惡趣陀羅尼 一名破業障陀羅尼

일명 멸악취다라니며 일명 파업장다라니며

一名 滿願陀羅尼 一名 隨心自在陀羅尼

일명 만원다라니이며 일명 수심자재다라니이며

一名 速超上地自在陀羅尼 如是受持

일명 속초상지다라니이니 이와 같이 받아 가질지니라."

阿難復白佛言

아난존자가 다시 부처님께 여쭙기를

世尊

"세존이시여!

此菩薩摩訶薩 更有何等名字

이 보살 마하살의 다시 어떤 명호가 있사오며

善能修行宣說如是大陀羅尼來經幾許刦數

이런 대다라니를 잘 수행하시고 잘 말씀하신 지가 몇 겁이나 지났나이까?

惟願世尊

바라옵건대 세존이시여!

說此菩薩名字及刦數長短

이 보살의 명호와 겁수의 장단을 말씀하여 주시옵소서.

成就何等善根而能宣說如是大陀羅尼

어떠한 선근을 심었기에 이 대다라니를 그토록 잘 말씀하시옵니까?"

佛言

부처님께서 말씀하시되

此菩薩名觀世自在 一名羂索 一名千光眼

"이 보살의 명호는 관세자재이며 일명 견색이며 일명 천광안이니라."

佛告阿難

부처님께서 아난에게 말씀하시되

此觀世自在菩薩有不可思議威神之力

"이 관세자재보살이 가진 불가사의한 위신력은

已於過去 無量无數 阿僧祇劫前

이미 과거 무량무수 아승기겁 전에

已成佛竟号曰正法明如來 大悲願力

이미 성불하셨으니 명호는 '정법명여래'이며 대비원력으로

爲欲成熟安樂一切衆生故

일체 중생의 보리도를 안락하게 성숙시키고자 하는 연고로

現作菩薩

보살의 형상을 나타내셨느니라.

此菩薩乃至名字難可得聞

이 보살의 명호를 듣기조차 어렵거늘

何況得見

하물며 친히 뵙는 일이겠느냐?

汝等大衆梵釋四王天龍鬼神

너희 대중과 범왕과 제석과 사천왕과 용신과 귀신들은

皆應恭敬勿生輕慢

다 응당 공경하여 가벼이 오만하지 말 것이며

常須供養稱名禮讚

항상 모름지기 공양하고 명호를 부르면서 예찬을 하면

得無量福滅無量罪

무량한 복을 얻고 무량한 죄를 멸하며

命終往生極樂世界阿弥陀佛國

명이 다하면 극락세계인 아미타불 국토에 왕생하게 되리라."

佛告阿難

부처님께서 아난에게 이르시기를

若爲富饒種種珎財資具者

"부유하고자 갖가지 보배 재물을 얻고자 하면

當於如意珠手

여의주수진언을 하고

若爲種種不安求安隱者

가지가지 불안으로 안락을 구하려면

當於羂索手

견색수진언을 하고

若爲腹中種種病者

뱃속에 가지가지 병을 제거하려면

當於寶鉢手

보발수진언을 하고

若爲降伏一切魍魎鬼神者

모든 도깨비와 귀신을 항복 받으려면

當於寶劍手

보검수진언을 하고

若爲降伏一切大魔神者

일체 큰 마구니를 항복 받으려거든

當於拔折羅手

발절라수진언을 하고

若爲摧壞一切怨敵者

일체 원수나 적을 꺾어 무너뜨리려면

當於金剛杵手

금강저수진언을 하고

若爲一切處恐怖畏不安者

언제 어디서나 두려워서 불안하거든

當於施無畏手

시무외수진언을 하고

若爲眼目失光明者

눈이 어두워 광명을 구하거든

當於日精摩尼手

일정마니수진언을 하고

若爲患熱毒病求淸涼者

열병이나 독한 병으로 시원함을 구하거든

當於月精摩尼手

월정마니수진언을 하고

若爲榮官益職求仕宦者

벼슬을 구하거나 승진을 바라거든

當於寶弓手

보궁수진언을 하고

若爲願求良朋善友早相逢遇者

착하고 어진 벗을 일찍 만나려거든

當於寶箭手

보전수진언을 하고

若爲除身上種種病難者

몸의 가지가지 병을 없애려거든

當於楊柳枝手

양류지수진언을 하고

若爲除身上九橫難者

몸에서 아홉 가지 횡난을 없애려거든

當於白拂手

백불수진언을 하고

若爲求一切善和眷屬者

일체 권속이 화목하고자 하면

當於胡瓶手

호병수(보병수寶甁手) 진언을 하고

若爲辟除一切虎狼豺豹諸惡獸者

일체 범 · 이리 · 승냥이 · 표범 등 악한 짐승을 물리치려거든

當於旁牌手

방패수진언을 하고

若爲一切時處常得離官難者

일체시에 항상 관재를 여의려거든

當於鉞斧手

부월수진언을 하고

若爲求男女僕使者

남녀 심부름꾼을 구하려면

當於玉環手

옥환수진언을 하고

若爲成就種種功德者

가지가지 공덕을 성취하려거든

當於白蓮花手

백련화수진언을 하고

若爲欲得往生十方淨妙佛國土者

시방 모든 부처님의 묘한 국토에 나려거든

當於青蓮花手

청련화수진언을 하고

若爲成就廣大智慧者

광대한 지혜를 성취하려거든

當於寶鏡手

보경수진언을 하고

若爲欲得面見十方一切諸佛者

시방의 모든 부처님을 친견하려면

當於紫蓮花手

자련화수진언을 하고

若爲求地中種種伏藏者

땅 가운데 가지가지 감춰져 있는 것을 구하거든

當於寶篋手

보협수진언을 하고

若爲求諸仙道速成就者

선도를 속히 성취하려거든

當於五色雲手

오색운수진언을 하고,

若爲求生梵天上者

범천에 나기를 원하거든

當於君遲甁手

군지병수진언을 하고

若爲欲得上生兜率天宮見弥勒者

도솔천에 태어나 미륵부처님을 친견하려면

當於紅蓮花手

홍련화수 진언을 하고

若爲辟除他方逆賊强敵者

타방에서 오는 원수나 적을 물리치려거든

當於戟矟手

보극수진언을 하고

若爲召呼一切諸天善神者

모든 하늘의 착한 신들을 불러보려거든

當於寶螺手

보라수진언을 하고

若爲使令一切鬼神不相違拒者

일체 귀신 부리되 어기기 않게 하려거든

當於髑髏杖手

촉루장수진언을 하고

若爲欲得十方諸佛速來授手者

시방의 모든 부처님이 속히 오셔서 손을 주셨으면 하거든

當於數珠手

수주수진언을 하고

若爲欲得成就上妙梵音聲者

뛰어나고 미묘한 범음성을 성취하려거든

當於寶鐸手

보탁수진언을 하고

若爲成就口業辭辯巧妙者

구변과 언사가 뛰어나고 교묘함을 구하거든

當於寶印手

보인수진언을 하고

若爲天龍善神常來擁護者

선신과 천룡이 항상 와서 지켜주기를 바라거든

當於俱尸鐵鉤手

구시철구수진언을 하고

若爲慈悲覆護一切衆生不令衆生於已生怖畏者

자비로써 일체 중생을 덮어 보호하고 두려움을 없애주려거든

當於錫杖手

석장수진언을 하고

若爲令一切鬼神龍蛇虎狼師子人及比人於已生敬畏者

모든 귀신·용·뱀·범·이리·사자·사람에게 경외감을 주려거든

當於合掌手

합장수진언을 하고

若爲生生之處常不離諸佛邊者

나는 곳마다 모든 부처님 곁을 여의지 않으려거든

當於化佛手

화불수진언을 하고

若爲生生世世常不離諸佛宮殿中不處胞胎受身者

날 적마다 모든 부처님의 궁전에 나고 태로 나는 몸을 받지 않으려거든

當於化宮殿手

화궁전수진언을 하고

若爲聰明多聞廣學强記不忘者

총명하고 널리 배워 잊지 않기를 바라거든

當於寶經手

보경수진언을 하고

若爲從今身至佛身菩提心常不退轉者

지금부터 성불할 때까지 항상 보리심이 물러서지 않으려거든

當於不退金輪手

불퇴금륜수진언을 하고

若爲十方諸佛速來摩頂授記者

시방의 모든 부처님이 속히 오셔서 마정수기를 원하거든

當於頂上化佛手
정상화불수진언을 하고

若爲果蓏諸穀稼者
과일과 곡식이 번성하려거든

當於蒲萄手
포도수진언을 할지니라.

如是可求之法有其千條
이와 같이 여러 가지 구하는 법이 천 가지가 있으되

今粗略說少耳
지금 간략하게 조금 설할 뿐이니라."

佛告阿難
부처님께서 아난에게 다시 말씀하시되

汝當深心淸淨受持此大悲心陀羅尼
"너는 깊은 마음으로 깨끗이 이 대비심다라니를 받아 가지고

廣宣流布於閻浮提莫令斷絕
이 사바세계에 널리 유포하여 끊어지지 않게 하여라.

此陀羅尼大大利益一切人天六趣四生

이 다라니는 삼계의 모든 인·천·육취·사생에게 큰 이익이 되며

亦大利益十地三賢鬼神羅刹

또한 십지·삼현·귀신·나찰에게도 큰 이익이 되느니라.

若有患苦縈身者

만약 근심과 괴로움에 얽혀 있더라도

以此陀羅尼治之無有不差者

이 다라니로써 다스리면 쾌차하지 못할 것이 없나니

此大神呪依法受持呪

이 대비심주를 법답게 수지하고 수행할 것 같으면

乾枯樹尚得生枝柯花果

마른나무라도 오히려 가지·줄기·꽃·열매가 나거늘

何況有情有識衆生身有

어찌 뜻이 있고 아는 것이 있는 중생들의 몸에 있는

病患治不差者無有是處

병이나 근심 따위가 없어지지 않겠는가.

善男子此陀羅尼威神之力

선남자야! 이 다라니의 위신력은

不可思議歎莫能盡

불가사의해서 찬탄하되 다할 수 없느니라.

若不過去久遠已來廣種善根

과거 아득한 옛날부터 널리 선근을 심어 놓지 않았으면

乃至名字不可得聞何況得見

이 주문의 이름도 듣지 못하는데 어찌 볼 수 있겠느냐.

汝等大衆天人龍神

너희들 대중과 하늘과 사람과 용과 신들은

聞我讚歎皆應隨喜

내가 이렇게 찬탄하니 모두가 따라서 기뻐할지니라.

若有謗此呪者

만약 이 주문을 비방하는 자는

即爲謗彼九十九億恒河沙諸佛

곧 저 구십구억항하사 모든 부처님을 비방함이 되느니라.

若於此陀羅尼生疑不信者

만약 이 다라니를 의심하여 믿지 않는 이는

當知其人永失大利

마땅히 알라, 이 사람은 영원토록 큰 이익을 잃어버리고

百千万劫中輪轉無窮

백천만겁토록 윤회하되

常在惡趣無有出

항상 악취(악도)에서 벗어날 기약이 없으며

期恒不見佛永不聞法

부처님도 항상 뵙지 못하고 영원히 부처님 법도 듣지 못하며

亦不覩僧

또한 보살이나 아라한이나 내지 스님도 보지 못하게 되리라."

一切衆會菩薩摩訶薩

법회중에 일체의 보살마하살과

金剛密迹梵釋四王神仙龍鬼

금강밀적과 범왕과 제석과 사천왕과 신선과 용과 귀신들이

聞佛如來讚歎此陀羅尼

부처님께서 이 다라니를 찬탄하시는 말씀을 듣고

皆悉大歡喜

다 크게 환희하며

奉教修行千手千眼陀羅尼經

천수천안다라니경의 가르침을 받들어 수행하였다.

이하는 고려대장경에 실려 있으나 본래의 천수경과는 관련이 없으며, 왜 말미에 있는지 의문이다.

日光菩薩爲誦持大悲心陀羅尼者
說大神呪而擁護之卽說呪曰
南無勃陀瞿那迷一 南無達摩莫訶
低二 南無僧伽多夜泥三 室哩部畢四
薩僧沒反咄登沒反檐納摩五 裟婆二合訶六
誦此呪滅一切罪亦能辟魔及除天
灾若誦一遍礼佛一拜如是日別三
時誦呪礼佛未來之世所受身處常
得一一相皃端正具足果報
月光菩薩亦爲誦持大悲心陀羅尼
者說大神呪而擁護之卽說呪曰

深低帝屠蘇吒一 阿若蜜帝烏都吒二

深耆吒波賴帝三 耶弥若吒烏都吒四

拘羅帝吒耆摩吒五 娑婆訶六

誦此呪五遍取七色線作呪索痛處

繫此呪乃是過去四十恒河沙諸佛

所說我今亦說爲諸行人作擁護故

除一切障難故除一切惡病故成就

一切諸善法故遠離一切諸怖畏故

若有謗此呪者卽爲謗彼諸佛

佛告阿難此觀世音菩薩所說神呪

真實不虛若欲請此菩薩來呪拙具

羅香三七遍燒菩薩即來拙具羅者安息香是

若有爲貓鬼所著者取弭哩吒那死貓

兒頭骨也燒作灰和淨土泥捻作貓兒形於

千眼像前呪鑌鐵刀子一百八遍段段

割之亦一百八段一呪一截一稱彼名

即差永差不著若爲蠱毒所害者取

藥劫布羅龍腦香也和拙具羅香各等分

以井花水一斗和煎取一升於千眼

像前呪一百八遍服即差若爲惡蛇

蠍所螫者取乾薑末呪一七遍安著

瘡中立即除差若爲惡怨橫相謀害

者取淨土或麵或蠟捻作彼人形於

千眼像前呪鑌鐵刀一百八遍一呪一截一稱彼名燒盡一百八段彼即歡喜終身厚重相愛敬故若有患眼精壞者若青盲眼闇者若白暈赤膜無光明者取呵梨勒果菴摩勒果鞞醯勒果三種各一顆擣破細研當研時唯須護淨莫使婦人及豬狗見口中念佛以白蜜和若人乳汁和封眼中著其人乳須男孩子母乳卽成其藥和竟還須千眼像前呪一千八遍著眼中滿七日在深室慎風眼精還生青盲白暈者光明奇盛也若患鬼瘧病者取虎豹豺狼皮呪三七遍披著身上即差師子皮㝡上若被蛇螫取被螫人結聹呪三七遍著瘡中即差若患惡疰入心悶絕欲死者取桃膠一顆大小亦如桃清水一升和煎取半升呪七遍頓服盡即差其藥莫使婦人煎若患傳屍鬼氣伏屍連病者取拙具羅香呪三七遍燒熏內鼻孔中又取七丸如兎糞呪三七遍吞即差須慎酒肉五辛及惡罵若取摩那屎羅雄黃也 和白芥子印成塩呪三七遍於病

兒床下燒其作病鬼身卽劈裂也鬼
卽迸走不敢住也若患一邊偏風耳
鼻不通手脚不隨者取胡麻油煎靑
木香呪三七遍摩拭身上永得除差
又方取純牛酥呪三七遍摩亦差若
難產者取胡麻油呪三七遍摩產婦
臍中及玉門中卽易生若婦人懷妊
子死腹中取阿波末利伽草牛膝草也一大
雨水二升和煎取一升呪三七遍服
卽出一無苦痛胎衣不出者亦服此

大悲心陀羅尼經 第二十五張 潔

藥卽差若卒患心痛不可忍者名遁
屍疰取杜嚕香薰陸香乳頭成者一顆
呪三七遍口中嚼咽不限多少令變
吐卽差愼五辛酒肉若被火燒瘡取
熱瞿摩夷烏牛屎也呪三七遍塗瘡上卽
差若患蛔蟲齩心取骨嚕末遮白馬尿也
半升呪三七遍服卽差重者一升虫
如綟索出來若患丁瘡者取凌霄葉
擣取汁呪三七遍瀝著瘡上卽拔根
出立差若患蠅螫眼取骨嚕怛佉新驢
糞也綟取汁半升呪三七遍夜臥著眼

中即差若患腹中痛取井花水和印
成鹽三七顆呪三七遍服半升即差
若患赤眼者及眼中有努肉及有翳
者取奢奢弥葉苟杞葉搗綟取汁呪七
遍浸青錢一宿更呪七遍著眼中即
差若患畏夜不安恐怖出入驚怕者
取白線作索呪三七遍作二十一結
繫項恐怖即除非但除怖亦得福生
滅罪若家內撗起灾難者取石榴枝
寸截一千八段兩頭塗酥酪蜜一呪
一燒盡千八遍一切灾難悉皆除滅要
在佛前作之若取白菖蒲呪一百八

大悲心陀羅尼經 第二十六張 潔

遍繫著右臂上一切鬪處論議處得勝
若取奢奢弥葉若枝柯寸截兩頭塗
真牛酥白蜜牛酪一呪一燒盡截一
千八段日別三時時別誦一千八遍
滿七日呪師自悟通智也若欲降伏
大力鬼神者取阿唎瑟迦柴木櫘子也呪
七七遍火中燒還須塗酥酪蜜要須
於大悲心像前作之若取胡嚧遮那
牛黃也一大兩著琉璃瓶中置大悲心像

前呪一千八遍塗身點額一切天龍
鬼神人及非人皆悉歡喜也若有身
被枷鎖者取白鴿糞呪一千八遍塗
於手上用摩枷鎖枷鎖自脫也若有夫
婦不和如水火者取鴛鴦尾於大悲
心像前呪一千八遍身上帶彼即終
身歡喜相愛敬若被虫食田苗及果
子者取淨灰沙呪一千八十遍散田四
邊虫即散也果樹亦然呪水灑著樹
上虫不敢食果也

千手千眼廣大圓滿陀羅尼經

신수대장경 천수경 원문
(가범달마 역본)

다음은 중국 당나라 때의 인도 승려인 가범달마伽梵達摩 삼장법사의 한역본漢譯本으로써 고려대장경본을 저본底本으로 한 신수대장경본 천수경이다.

千手千眼觀世音菩薩廣大圓滿無礙大悲心陀羅尼經

唐西天竺沙門伽梵達摩譯

如是我聞。一時釋迦牟尼佛。在補陀落迦山觀世音宮殿寶莊嚴道場中。坐寶師子座。其座純以無量雜摩尼寶而用莊嚴百寶幢旛周匝懸列。爾時如來於彼座上。將欲演說總持陀羅尼故。與無央數菩薩摩訶薩俱。其名曰總持王菩薩寶王菩薩。藥王菩薩藥上菩薩。觀世音菩薩大勢至菩薩。華嚴菩薩大莊嚴菩薩。寶藏菩薩德藏菩薩。金剛藏菩薩虛空藏菩薩。彌勒菩薩普賢菩薩文殊師利菩薩。如是等菩薩摩訶薩。皆是灌頂大法王子。又與無量無數大聲聞僧。皆行阿羅漢。十地摩訶迦葉而爲上首。又與無量梵摩羅天。善吒梵摩而爲上首。又與無量欲界諸天子俱。瞿婆伽天子而爲上首。又與無量護世四王俱。提頭賴吒而爲上首。又與無量天龍夜叉乾闥婆阿修羅迦樓羅緊那羅摩睺羅伽人非人等俱。天德大龍王而爲上首。又與無量欲界諸天女俱。童目天女而爲上首。又與無量虛空神。江海神泉源神河沼神。藥草神樹林神舍宅神。水神火神地神風神。土神山神石神。宮殿等神皆來集會。時觀世音菩薩。於大會中密放神通。光明照曜十方刹土。及此三千大千世界。皆作金色。天宮龍宮諸尊神宮皆悉震動。江河大海鐵圍山須彌山。土山黑山亦皆大動。日月珠火星宿之光皆悉不現。於是總持王菩薩。見此希有之相怪未曾有。即從座起叉手合掌。以偈問佛。如此神通之相是誰所放。以偈問曰

誰於今日成正覺　　普放如是大光明
十方刹土皆金色　　三千世界亦復然
誰於今日得自在　　演放希有大神力
無邊佛國皆震動　　龍神宮殿悉不安
今此大衆咸有疑　　不測因緣是誰力
爲佛菩薩大聲聞　　爲梵魔天諸釋等

唯願世尊大慈悲　　說此神通所由以

佛告總持王菩薩言。善男子汝等當知。今此會中有一菩薩摩訶薩。名曰觀世音自在。從無量劫來成就大慈大悲。善能修習無量陀羅尼門。爲欲安樂諸衆生故。密放如是大神通力。佛說是語已。爾時觀世音菩薩從座而起整理衣服向佛合掌。白佛言世尊。我有大悲心陀羅尼咒今當欲說。爲諸衆生得安樂故。除一切病故。得壽命故得富饒故。滅除一切惡業重罪故。離障難故。增長一切白法諸功德故。成就一切諸善根故。遠離一切諸怖畏故。速能滿足一切諸希求故。惟願世尊慈哀聽許。佛言善男子。汝大慈悲安樂衆生欲說神咒。今正是時宜應速說。如來隨喜諸佛亦然。觀世音菩薩重白佛言。世尊我念過去無量億劫。有佛出世。名曰千光王靜住如來。彼佛世尊憐念我故。及爲一切諸衆生故。說此廣大圓滿無礙大悲心陀羅尼。以金色手摩我頂上作如是言。善男子汝當持此心咒。普爲未來惡世一切衆生作大利樂。我於是時始住初地。一聞此咒故超第八地。我時心歡喜故即發誓言。若我當來堪能利益安樂一切衆生者。令我即時身生千手千眼具足。發是願已。應時身上千手千眼悉皆具足。十方大地六種震動。十方千佛悉放光明照觸我身。及照十方無邊世界。從是已後。復於無量佛所無量會中。重更得聞。親承受持是陀羅尼。復生歡喜踊躍無量。便得超越無數億劫微細生死。從是已來常所誦持未曾廢忘。由持此咒故。所生之處恒在佛前。蓮華化生不受胎藏之身。若有比丘比丘尼優婆塞優婆夷童男童女欲誦持者。於諸衆生起慈悲

心。先當從我發如是願

南無大悲觀世音　　願我速知一切法
南無大悲觀世音　　願我早得智慧眼
南無大悲觀世音　　願我速度一切衆
南無大悲觀世音　　願我早得善方便
南無大悲觀世音　　願我速乘般若船
南無大悲觀世音　　願我早得越苦海
南無大悲觀世音　　願我速得戒定道
南無大悲觀世音　　願我早登涅槃山
南無大悲觀世音　　願我速會無爲舍
南無大悲觀世音　　願我早同法性身

我若向刀山　　刀山自摧折
我若向火湯　　火湯自消滅
我若向地獄　　地獄自枯竭
我若向餓鬼　　餓鬼自飽滿
我若向修羅　　惡心自調伏
我若向畜生　　自得大智慧

發是願已。至心稱念我之名字。亦應專念我本師阿彌陀如來。然後即當誦此陀羅尼神咒。一宿誦滿五遍。除滅身中百千萬億劫生死重罪。觀世音菩薩復白佛言。世尊若諸人天。誦持大悲章句者。臨命終時十方諸佛皆來授手。欲生何等佛上。隨願皆得往生。復白佛言。世尊若諸衆生。誦持大悲神咒墮三惡道者。我誓不成正覺。誦持大悲神咒者。若不生諸佛國者。我誓不成正覺。誦持大悲神咒者。若不得無量三昧辯才者。我誓不成正覺。誦持大悲神咒者。於現在生中一切所求若不果遂者。不得爲大悲心陀羅尼也。唯除不善除不至誠。若諸女人厭賤女身欲成男子身。誦持大悲陀羅尼章句。若不轉女身成男子身者。我誓不成正覺。生少疑心者必不果遂也。若諸衆生侵損常住飮食財物。千佛出世不通懺悔。縱懺亦不除滅。今誦大悲神咒即得除滅。若侵損食用常住飮食財物。要對十方師懺謝然始除滅。今誦大悲陀羅尼時。十方師即來爲作證明。一切罪障悉皆消滅。一切十惡五逆。謗人謗法破齋破戒。破塔壞寺偷僧祇物污淨梵行。如是等一切惡業重罪悉皆滅盡。唯除一事於咒生疑者。乃至小罪輕業亦不得滅。何況重罪。雖不即滅重罪。猶能遠作菩提之因。復白佛言世尊。若諸人天誦持大悲心咒者。得十五種善生。不受十五種惡死也。其惡死者。一者不令其飢餓困苦死。二者不爲枷禁杖楚死。三者不爲怨家讎對死。四者不爲軍陣相殺死。五者不爲豺狼惡獸殘害死。六者不爲毒蛇蚖蠍所中死。七者不爲水火焚漂死。八者不爲毒藥所中死。九者不爲蠱毒害死。十者不爲狂亂失念死。十一者不爲山樹崖岸墜落死。十二者不爲惡人厭魅死。十三者不爲邪神惡鬼得便死。十四者不爲惡病纏身死。十五者不爲非分自害死。誦持大悲神咒者。不被如是十五種惡死也。得十五種善生者。一者所生之處常逢善王。二者常生善國。三者常值好時。四者常逢善友。五者身根常得具足。六者道心純熟。七者不犯禁戒。八者所有眷屬恩義和順。九者資具財食常得豐足。十者恒得他人恭敬扶接。十一者所有財寶無他劫奪。十二者意欲所求皆悉稱遂。十三者龍天善神恒常擁衛。十四者所生之處見佛聞法。十五者所聞正法悟甚深義。若有誦持大悲心陀羅尼者。得如是等十五種善生也。一切天人應常誦持勿生懈怠觀世音菩薩說是語已。於衆會前合掌正住。於諸衆生起大悲心開顏含笑。即說如是廣大圓滿無礙大悲心大陀羅尼神妙章句陀羅尼曰

南無喝囉怛那哆囉夜㖿(一)南無阿唎㖿(二)婆盧羯帝爍鉢囉㖿(三)菩提薩跢婆㖿(四)摩訶薩跢婆㖿(五)摩訶迦盧尼迦㖿(六)唵(上聲七)薩皤囉罰曳(八)數怛那怛寫(九)南無悉吉利埵伊蒙阿唎㖿(十)婆盧吉帝室佛囉㘄馱婆(十一)南無那囉謹墀(十二)醯唎摩訶皤哆沙咩(羊鳴音十三)薩婆阿他豆輸朋(十四)阿逝孕(十五)薩婆薩哆那摩婆伽(十六)摩罰特豆(十七)怛姪他(十八)唵阿婆盧醯(十九)盧迦帝(二十)迦羅帝(二十一)夷醯唎(二十二)摩訶菩提薩埵(二十三)薩婆薩婆(二十四)摩羅摩羅(二十五)摩醯摩醯唎馱孕(二十六)俱盧俱盧羯懞(二十七)度盧度盧罰闍耶帝(二十八)摩訶罰闍耶帝(二十九)陀羅陀羅(三十)地利尼(三十一)室佛囉耶(三十二)遮羅遮羅(三十三)摩摩罰摩囉(三十四)穆帝囇(三十五)伊醯移醯(三十六)室那室那(三十七)阿囉嗲佛囉舍利(三十八)罰沙罰嗲(三十九)佛羅舍耶(四十)呼嚧呼嚧摩囉(四十一)呼嚧呼嚧醯利(四十二)娑囉娑囉(四十三)悉利悉利(四十四)蘇嚧蘇嚧(四十五)菩提夜菩提夜(四十六)

菩馱夜菩馱夜(四十七)彌帝利夜(四十八)那囉謹墀(四十九)地唎瑟尼那(五十)波夜摩那(五十一)娑婆訶(五十二)悉陀夜(五十三)娑婆訶(五十四)摩訶悉陀夜(五十五)娑婆訶(五十六)悉陀喻藝(五十七)室皤囉耶(五十八)娑婆訶(五十九)那囉謹墀(六十)娑婆訶(六十一)摩囉那囉(六十二)娑婆訶(六十三)悉囉僧阿穆佉耶(六十四)娑婆訶(六十五)娑婆摩訶阿悉陀夜(六十六)娑婆訶(六十七)者吉囉阿悉陀夜(六十八)娑婆訶(六十九)波陀摩羯悉哆夜(七十)娑婆訶(七十一)那囉謹墀皤伽囉㖿(七十二)娑婆訶(七十三)摩婆利勝羯囉夜(七十四)娑婆訶(七十五)南無喝囉怛那哆囉夜耶(七十六)南無阿唎㖿(七十七)婆嚧吉帝(七十八)爍皤囉夜(七十九)娑婆訶(八十)唵悉殿都曼哆囉鉢馱耶(八十一)娑婆訶(八十二)

觀世音菩薩說此咒已。大地六變震動。天雨寶華繽紛而下。十方諸佛悉皆歡喜。天魔外道恐怖毛竪。一切衆會皆獲果證。或得須陀洹果。或得斯陀含果。或得阿那含果。或得阿羅漢果者。或得一地二地三地四地五地。乃至十地者。無量衆生發菩提心

爾時大梵天王從座而起。整理衣服合掌恭敬。白觀世音菩薩言。善哉大士我從昔來經無量佛會。聞種種法種種陀羅尼。未曾聞說如此無礙大悲心大悲陀羅尼神妙章句。唯願大士爲我。說此陀羅尼形貌狀相。我等大衆願樂欲聞。觀世音菩薩告梵王言。汝爲方便利益一切衆生故。作如是問。汝今善聽吾爲汝等略說少

耳。觀世音菩薩言。大慈悲心是平等心。是無爲心是無染著心。是空觀心是恭敬心。是卑下心是無雜亂心無見取心。是無上菩提心。是當知如是等心即是陀羅尼相貌。汝當依此而修行之。大梵王言。我等大衆今始識此陀羅尼相貌。從今受持不敢忘失。觀世音言。若善男子善女人。誦持此神咒者。發廣大菩提心。誓度一切衆生身持齋戒。於諸衆生起平等心。常誦此咒莫令斷絕。住於淨室澡浴清淨著淨衣服。懸旛然燈香華百味飮食以用供養。制心一處更莫異緣。如法誦持。是時當有日光菩薩月光菩薩。與無量神仙。來爲作證益其效驗。我時當以千眼照見千手護持。從是以往所有世間經書悉能受持。一切外道法術韋陀典籍亦能通達。誦持此神咒者。世間八萬四千種病。悉皆治之無不差者。亦能使令一切鬼神。降諸天魔制諸外道。若在山野誦經坐禪。有諸山精雜魅魍魎鬼神。橫相惱亂心不安定者。誦此咒一遍是。諸鬼神悉皆被縛也。若能如法誦持。於諸衆生起慈悲心者。我時當敕一切善神龍王金剛密迹。常隨衛護不離其側。如護眼睛如護己命。說偈敕曰

我遣密迹金剛士　　烏芻君荼鴦倶尸
八部力士賞迦羅　　常當擁護受持者
我遣摩醯那羅延　　金剛羅陀迦毘羅
常當擁護受持者　　我遣婆馺娑樓羅
滿善車鉢真陀羅　　常當擁護受持者
我遣薩遮摩和羅　　鳩闌單吒半祇羅

常當擁護受持者　　我遣畢婆伽羅王
應德毘多薩和羅　　常當擁護受持者
我遣梵摩三鉢羅　　五部淨居炎摩羅
常當擁護受持者　　我遣釋王三十三
大辯功德婆怛那　　常當擁護受持者
我遣提頭賴吒王　　神母女等大力衆
常當擁護受持者　　我遣毘樓勒叉王
毘樓博叉毘沙門　　常當擁護受持者
我遣金色孔雀王　　二十八部大仙衆
常當擁護受持者　　我遣摩尼跋陀羅
散支大將弗羅婆　　常當擁護受持者
我遣難陀跋難陀　　婆伽羅龍伊鉢羅
常當擁護受持者　　我遣脩羅乾闥婆
迦樓緊那摩睺羅　　常當擁護受持者
我遣水火雷電神　　鳩槃茶王毘舍闍
常當擁護受持者

是諸善神及神龍王神母女等。各有五百眷屬。大力夜叉常隨擁護。誦持大悲神咒者。其人若在空山曠野獨宿孤眠。是諸善神番代宿衛辟除災障。若在深山迷失道路。誦此咒故善神龍王。化作善人示其正道。若在山林曠野乏少水火。龍王護故化出水火。觀世音菩薩復爲誦持者。說消除災禍清涼之偈

若行曠野山澤中　　逢値虎狼諸惡獸
蛇蚖精魅魍魎鬼　　聞誦此咒莫能害
若行江湖滄海間　　毒龍蛟龍摩竭獸
夜叉羅刹魚黿鱉　　聞誦此咒自藏隱
若逢軍陣賊圍繞　　或被惡人奪財寶
至誠稱誦大悲咒　　彼起慈心復道歸
若爲王官收錄身　　囹圄禁閉杻枷鎖
至誠稱誦大悲咒　　官自開恩釋放還
若入野道蠱毒家　　飮食有藥欲相害
至誠稱誦大悲咒　　毒藥變成甘露漿
女人臨難生產時　　邪魔遮障苦難忍
至誠稱誦大悲咒　　鬼神退散安樂生
惡龍疫鬼行毒氣　　熱病侵陵命欲終
至心稱誦大悲咒　　疫病消除壽命長
龍鬼流行諸毒腫　　癰瘡膿血痛叵堪
至心稱誦大悲咒　　三唾毒腫隨口消
衆生濁惡起不善　　厭魅咒詛結怨讎
至心稱誦大悲咒　　厭魅還著於本人
惡生濁亂法滅時　　婬欲火盛心迷倒
棄背妻婿外貪染　　晝夜邪思無暫停
若能稱誦大悲咒　　婬欲火滅邪心除
我若廣讚咒功力　　一劫稱揚無盡期

爾時觀世音菩薩告梵天言。誦此咒五遍。取五色線作索。咒二十一遍結作二十一結繫項。此陀羅尼是過去九十九億恒河沙諸佛所說。彼等諸佛爲諸行人。修行六度未滿足者速令滿足故。未發菩提心者速令發心故。若聲聞人未證果者速令證故。若三千大千世界內諸神仙人。未發無上菩提心者令速發心故。若諸衆生未得大乘信根者。以此陀羅尼威神力故。令其大乘種子法芽增長。以我方便慈悲力故。令其所須皆得成辦。大三千大千世界。幽隱闇處三塗衆生。聞我此咒皆得離苦。有諸菩薩未階初住者速令得故。乃至令得十住地故。又令得到佛地故。自然成就三十二相八十隨形好。若聲聞人聞此陀羅尼一經耳者。修行書寫此陀羅尼者。以質直心如法而住者。四沙門果不求自得。若三千大千世界內。山河石壁四大海水能令涌沸。須彌山及鐵圍山能令搖動。又令碎如微塵。其中衆生悉令發無上菩提心。若諸衆生現世求願者。於三七日淨持齋戒。誦此陀羅尼必果所願。從生死際至生死際。一切惡業並皆滅盡。三千大千世界內。一切諸佛菩薩。梵釋四天王神仙龍王悉皆證知。若諸人天誦持此陀羅尼者。其人若在江河大海中。沐浴其中衆生。得此人浴身之水霑著其身。一切惡業重罪悉皆消滅。即得轉生他方淨土。蓮華化生不受胎身濕卵之身。何況受持讀誦者。若誦持者行於道路。大風時來吹此人身毛髮衣服。餘風下過諸類衆生。得其人颺身風吹著身者。一切重罪惡業並皆滅盡。更不受三惡道報常生佛前。當知受持者福德果報不可思議。誦持此陀羅尼者。口中所出言音若善若惡。一切天魔外道天龍鬼神聞者。皆是清淨法音。皆於其人起恭敬心。尊重如佛。誦持此陀羅尼者。當知其人即是佛身藏。九十九億恒河沙諸佛所愛惜故。當知其人即是光明藏。一切如來光明照故。當知其人是慈悲藏。恒以陀羅尼救衆生故。當知其人是妙法藏。普攝一切諸陀羅尼門故。當知其人是禪定藏。百千三昧常現前故。當知其人是虛空藏。常以空慧觀衆生故。當知其人是無畏藏。龍天善神常護持故。當知其人是妙語藏。口中陀羅尼音無斷絕故。當知其人是常住藏。三災惡劫不能壞故。當知其人是解脫藏。天魔外道不能稽留故。當知其人是藥王藏。常以陀羅尼療衆生病故。當知其人是神通藏。遊諸佛國得自在故。其人功德讚不可盡。善男子若復有人。厭世間苦求長生樂者。在閑淨處清淨結界。咒衣著。若水若食若香若藥皆咒一百八遍。服必得長命。若能如法結界依法受持。一切成就。其結界法者。取刀咒二十一遍。劃地爲界。或取淨水咒二十一遍。散著四方爲界。或取白芥子咒二十一遍。擲著四方爲界。或以想到處爲界。或取淨灰咒二十一遍爲界。或咒五色線二十一遍。圍繞四邊爲界。皆得。若能如法受持自然剋果。若聞此陀羅尼名字者。尚滅無量劫生死重罪。何況誦持者。若得此神咒誦者。當知其人已曾供養無量諸佛。廣種善根。若能爲諸衆生拔其苦難。如法誦持者。當知其人即是具大悲者。成佛不久。所見衆生皆悉爲誦。令彼耳聞與作菩提因。是人功德無量無邊讚不可盡。若能精誠用心身持齋戒。爲一切衆生懺悔先業之罪。亦自懺謝無量劫來種種惡業。口中駸駸誦此陀羅尼聲聲不絕者。四沙門果此生即證。其利根有慧觀方便者。十地果位剋獲不難。何況世間小小福報。所有求願無不果遂者也。若欲使鬼者。取野髑髏淨洗。於千眼像前設壇場。以種種香華飮食祭之。日日如是七日。必來現身隨人使令。若欲使四天王者。咒檀香燒之。由此菩薩大悲願力深重故。亦爲此陀羅尼威神廣大故。佛告阿難。若有國土災難起時。是土國王若以正法治國。寬縱人物不枉衆生赦諸有過。七日七夜身心精進誦持如是大悲心陀羅尼神咒。令彼國土一切災難悉皆除滅。五穀豐登萬姓安樂。又若爲於他國怨敵。數來侵擾百姓不安。大臣謀叛疫氣流行。水旱不調日月失度。如是種種災難起時。當造千眼大悲心像面向西方。以種種香華幢旛寶蓋或百味飮食至心。供養。其王又能七日七夜身心精進。誦持如是陀羅尼神妙章句。外國怨敵即自降伏。各還政治不相擾惱。國土通同慈心相向。王子百官皆行忠赤。妃后婇女孝敬向王。諸龍鬼神擁護其國。雨澤順時果實豐饒人民歡樂。又若家內遇大惡病百怪競起。鬼神邪魔耗亂其家惡人橫造口舌以相謀害。室家大小內外不和者。當向千眼大悲像前設其壇場。至心念觀世音菩薩。誦此陀羅尼滿其千遍。如上惡事悉皆消滅永得安隱

阿難白佛言。世尊此咒名何云何受持。佛告阿難。如是神咒有種種名。一名廣大圓滿。一名無礙大悲。一名救苦陀羅尼。一名延壽陀羅尼。一名滅惡趣陀羅尼。一名破惡業障陀羅尼。一名滿願陀羅尼。一名隨心自在陀羅尼。一名速超上地陀羅尼。如是受持。阿難白佛言。世尊此菩薩摩訶薩名字何等。善能宣說如是陀羅尼。佛言此菩薩名觀世音自在。亦名撚索亦名千光眼。善男子此觀世音菩薩。不可思議威神之力。已於過去無量劫中。已作佛竟號正法明如來。大悲願力。爲欲發起一切菩薩。安樂成熟諸衆生故現作菩薩。汝等大衆諸菩薩摩訶薩梵釋龍神。皆應恭敬莫生輕慢。一切人天常須供養專稱名號。得無量福滅無量罪。命終

往生阿彌陀佛國。佛告阿難。此觀世音菩薩所說神咒真實不虛。若欲請此菩薩來。咒拙具羅香三七遍燒菩薩即來(拙具羅香安息香也)若有貓兒所著者。取弭哩吒那(死貓兒頭骨也)燒作灰。和淨土泥。捻作貓兒形。於千眼像前。咒鑌鐵刀子一百八遍。段段割之亦一百八段。遍遍一咒一稱彼名。即永差不著。若爲蠱毒所害者取藥劫布羅(龍腦香也)和拙具羅香。各等分。以井華水一升。和煎取一升。於千眼像前咒一百八遍。服即差。若爲惡蛇蠍所螫者。取乾薑末咒一七遍。著瘡中立即除差。若爲惡怨橫相謀書者。取淨土或麵或蠟捻作本形。於千眼像前。咒鑌鐵刀一百八遍。一咒一截一稱彼名。燒盡一百八段。彼即歡喜終身厚重相愛敬。若有患眼睛壞者。若青盲眼暗者。若白暈赤膜無光明者。取訶梨勒果菴摩勒果鞞醯勒果三種各一顆。擣破細研。當研時唯須護淨。莫使新產婦人及豬狗見。口中念佛。以白蜜若人乳汁。和封眼中。著其人乳要須男孩子母乳。女母乳不成。其藥和竟。還須千眼像前咒一千八遍。著眼中滿七日。在深室慎風。眼睛還生。青盲白暈者光奇盛也。若患瘧病著者。取虎豹豺狼皮咒三七遍。披著身上即差。師子皮最上。若被蛇螫。取被螫人結聹。咒三七遍。著瘡中即差。若患惡瘧入心悶絕欲死者。取桃膠一顆。大小亦如桃顆。清水一升和煎取半升咒。七遍頓服盡即差。其藥莫使婦人煎。若患傳屍鬼氣伏屍連病者。取拙具羅香咒三七遍。燒熏鼻孔中。又取七丸如兔糞。咒三七遍呑即差。慎酒肉五辛及惡罵。若取摩那屎羅(雄黃是也)和白芥子印成鹽。咒三七遍。於病兒床下燒。其作病兒即魔掣迸走不敢住也。若患耳聾者。咒胡麻油著耳中即差。若患一邊偏風耳鼻不通手腳不隨者。取胡麻油煎青木香。咒三七遍。摩拭身上永得除差。又方取純牛酥。咒三七遍摩亦差。若患難產者。取胡麻油咒三七遍。摩產婦臍中及玉門中即易生。若婦人懷妊子死腹中。取阿波末利伽草(牛膝草也)一大兩。清水二升和煎取一升。咒三七遍。服即出一無苦痛。胎衣不出者。亦服此藥即差。若卒患心痛不可忍者。名遁屍疰。取君柱魯香(薰陸香)乳頭成者一顆。咒三七遍。口中嚼咽不限多少。令變吐即差。慎五辛酒肉。若被火燒瘡。取熱瞿摩夷(烏牛屎也)咒三七遍。塗瘡上即差。若患蛔蟲咬心。取骨魯末遮(白馬尿也)半升。咒三七遍服即差。重者一升。蟲如綟索出來。若患丁瘡者。取凌鎖葉擣取汁。咒三七遍。瀝著瘡上即拔根出立差。若患蠅螫眼中。骨魯怛佉(新驢屎也)濾取汁。咒三七遍。夜臥著眼中即差。若患腹中痛。和井華水和印成鹽三七顆。咒三七遍。服半升即差。若患赤眼者。及眼中有努肉及有翳者。取奢奢彌葉(苟杞葉也)擣濾取汁。咒三七遍。浸青錢一宿更咒七遍。著眼中即差。若患畏夜不安恐怖出入驚怕者。取白線作索。咒三七遍。作二十一結繫項。恐怖即除。非但除怖亦得滅罪。若家內橫起災難者。取石榴枝寸截一千八段。兩頭塗酥酪蜜。一咒一燒盡千八遍一切災難悉皆除滅。要在佛前作之。若取白菖蒲咒三七遍。繫著右臂上。一切鬥處論義處皆得勝他。若取奢奢彌葉枝柯寸截。兩頭塗真牛酥白蜜牛酥。一咒一燒盡一千八段。日別三時時別一千八遍。滿七日咒師自悟通智也。若欲降伏大力鬼神者。取阿唎瑟迦柴(木患子也)咒七七遍。火中燒。還須塗酥酪蜜。要須於大悲心像前作之。若取胡嚧遮那(牛黃是也)一大兩。著琉璃瓶中。置大悲心像前。咒一百八遍。塗身點額一切天龍鬼神人及非人皆悉歡喜也。若有身被枷鎖者。取白鴿糞咒一百八遍。塗於手上用摩枷鎖。枷鎖自脫也。若有夫婦不和狀如水火者。取鴛鴦尾。於大悲心像前咒一千八遍。帶彼即終身歡喜相愛敬。若有被蟲食田苗及五果子者。取淨灰淨沙或淨水。咒三七遍。散田苗四邊蟲即退散也。果樹兼咒水灑者樹上。蟲不敢食果也。佛告阿難。若爲富饒種種珍寶資具者。當於如意珠手。若爲種種不安求安隱者。當於羂索手。若爲腹中諸病。當於寶鉢手。若爲降伏一切魍魎鬼神者。當於寶劍手。若爲降伏一切天魔神者。當於跋折羅手。若爲摧伏一切怨敵者。當於金剛杵手。若爲一切處怖畏不安者。當於施無畏手。若爲眼闇無光明者。當於日精摩尼手。若爲熱毒病求清涼者。當於月精摩尼手。若爲榮官益職者。當於寶弓手。若爲諸善朋友早相逢者。當於寶箭手。若爲身上種種病者。當於楊枝手。若爲除身上惡障難者。當於白拂手。若爲一切善和眷屬者。當於胡瓶手。若爲辟除一切虎狼豺豹諸惡獸者。當於旁牌手。若爲一切時處好離官難者。當於斧鉞手。若爲男女僕使者。當於玉環手。若爲種種功德者。當於白蓮華手。若爲欲得往生十方淨土者。當於青蓮華手。若爲大智慧者。當於寶鏡手。若爲面見十方一切諸佛者。當於紫蓮華手。若爲地中伏藏者。當於寶篋手。若爲仙道者。當於五色雲手。若爲生梵天者。當於軍遲手。若爲往生諸天宮者。當於紅蓮華手。若爲辟除他方逆賊者。當於寶戟手。若爲召呼一切諸天善神者。當於寶螺手。若爲使令一切鬼神者。當於髑髏杖手。若爲十方諸佛速來授手者。當於數珠手。若爲成就一切上妙梵音聲者。當於寶鐸手。若爲口業辭辯巧妙者。當於寶印手。若爲善神龍王常來擁護者。當於俱尸鐵鉤手。若爲慈悲覆護一切衆生者。當於錫杖手。若爲一切衆生常相恭敬愛念者。當於合掌手。若爲生生之衆不離諸佛邊者。當於化佛手。若爲生生世世常在佛宮殿中。不處胎藏中受身者。當於化宮殿手。若爲多聞廣學者。當於寶經手。若爲從今身至佛身菩提心常不退轉者。當於不退金輪手。若爲十方諸佛速來摩頂授記者。當於頂上化佛手。若爲果蓏諸穀稼者。當於蒲萄手。如是可求之法有其千條。今粗略說少耳

日光菩薩爲受持大悲心陀羅尼者。說大神咒而擁護之

南無勃陀瞿(上聲)那(上聲)迷(一)南無達摩莫訶低(二)南無僧伽多夜泥(三)底(丁以切)哩部畢薩(僧沒切)咄(登沒切)檐納摩

誦此咒滅一切罪。亦能辟魔及除天災。若誦一遍禮佛一拜。如是日別三時誦咒禮佛。未來之世所受身處。當得一一相貌端正可喜果報

月光菩薩亦復爲諸行人。說陀羅尼咒而擁護之

深低帝屠蘇吒(一)阿若蜜帝烏都吒(二)深耆吒(三)波賴帝(四)耶彌若吒烏都吒(五)拘羅帝吒耆摩吒(六)沙婆訶

誦此咒五遍。取五色線作咒索。痛處繫。此咒乃是過去四十恒河沙諸佛所說。我今亦說。爲諸行人作擁護故。除一切障難故。除一切惡病痛故。成就一切諸善法故。遠離一切諸怖畏故。佛告阿難。汝當深心清淨受持此陀羅尼。廣宣流布於閻浮提莫令斷絕。此陀羅尼能大利益三界衆生。一切患苦縈身者。以此陀羅尼治之無有不差者。此大神咒咒乾枯樹尚得生枝柯華果。何況有情有識衆生。身有病患治之不差者必無是處。善男子此陀羅尼威神之力。不可思議不可思議歎莫能盡。若不過去久遠已來廣種善根。乃至名字不可得聞。何況得見。汝等大衆天人龍神。聞我讚歎皆應隨喜。若有謗此咒者。即爲謗彼九十九億恒河沙諸佛。若於此陀羅尼生疑不信者。當知其人永失大利。百千萬劫常淪惡趣無有出期。常不見佛不聞法不睹僧。一切衆會菩薩摩訶薩。金剛密迹梵釋四天龍鬼神。聞佛如來讚歎此陀羅尼。皆悉歡喜奉教修行

덕산(정승현)
1960년 강원도 태백에서 태어났다.
용성 스님으로부터 사미계를, 일암 큰스님으로부터 비구계를 수계하였다.
2000년부터 팔공산 능엄정사 주지로 있으면서, 2005년에는 능엄정사본 능엄주를 완성하였고, 2006년에는 신묘장구대다라니를 범어 원음으로 복원하고 이를 한글로 번역하였다. 현재 경전상의 범자다라니(실담자)를 한글로 번역하는 일에 주력하고 있다.

천수경과 대비주

초판 1쇄 인쇄 2009년 9월 7일 | **초판 1쇄 발행** 2009년 9월 14일
지은이 덕산
펴낸이 김시열
펴낸곳 도서출판 운주사
(136-036) 서울 성북구 동소문동 6가 25-1 청송빌딩 3층
전화 (02) 926-8361 | **팩스** (02) 926-8362

ISBN 978-89-5746-234-8 93220
값 12,000원
http://www.buddhabook.co.kr